大展好書　好書大展

品嘗好書　冠群可期

大展好書　好書大展

品嘗好書　冠群可期

中華傳統武術26

南拳

武兵 著

大展出版社有限公司

作者簡介

武兵，武術學者，北京武兵武術學堂主講，中國共產黨黨員。北京體育大學畢業，中國武術段位高段，國家級裁判，高級教練，兩翼拳第5代傳人。歷任山西省大同市武術培訓中心總教練，大同市體育運動學校武術套路、散打總教練，大同市武兵武術學校校長兼總教練，北京體育大學成教部散打主教練，北京航空航太大學北海學院武術教授等職。

出生於武術世家，歷經武術界多位名家指導，勤修靜悟，分別在國內、國際各類大賽中榮獲武術套路、武術散打冠軍24個。

在全國武術專業雜誌《武當》《少林與太極》《中華武術》《武魂》《武林》《精武》《搏擊》《拳擊與格

鬥》《武術家》《文武中國》《全球功夫》等刊物發表了300餘篇武學作品，並多次榮獲全國武術有獎徵文大獎。

分別在北京體育大學出版社、人民體育出版社、山西科學技術出版社及臺灣大展出版社出版武學專著16本及VCD和DVD教學光碟多張。

前　言

傳統武術是中國武術的重要組成部分，其紮根於民間，具有濃郁、古樸的武術神韻，是武術寶庫中的精華。

隨著「世界傳統武術錦標賽」「全國傳統武術比賽」及「CCTV-5武林大會」的舉辦，傳統武術得到了重視與發展。當下，中國武術要深化「大武術觀」的認識，樹立大武術觀念、營造大環境、形成大團結、推動大發展。

在大力弘揚中國傳統武術之際，爲迎合大武術的發展，滿足國內外衆多酷愛傳統武術練習者的需求，現將筆者鑽研、習練多年的中國傳統武術撰寫成「中國傳統武術名拳系列」。該套書所介紹的名拳，都是經國家武術院審核，按照「源流有序、拳理清晰、特點突出、自成體系」的16字方針，認定流傳各地的129個武術拳種中的精品。

「中國傳統武術名拳系列」共有5本，分別是《八極拳》《劈掛拳》《彈腿拳》《少林拳》《南拳》，單本成冊，每本圖書都力求做到圖示精確，文字精準，透過圖文並茂的形式來激發讀者和學練者的學習興趣。

寫作風格獨特，分別從拳術概述、拳術精華功法、拳術套路展示、拳術技擊解招、拳術拳理通覽及拳術學練指點等方面加以闡釋和表現，整套叢書縱橫交錯、精言細理地呈現傳統武術，讓讀者一看就懂，一學便會。

受校訓「追求卓越」的耳濡目染，以及相伴著「一生只做武術人」的志向，筆者欲把所撰之圖書創作爲精品，於是，在創作過程中時有感動，感動於武術本身，也感動於武術之外。但因自身的武學境界所限，也許會書不盡言，言不盡意，還望廣大行家裡手多加斧正。

一部好的武術專著，對於傳承武術意義重大。作爲武術人的筆者，心存夙願，能文能武是我畢生的追求，面對「文者不武，武者不文」之現狀，始終按捺不住創作的衝動。雖說衝動是魔鬼，但在創作中，這種衝動是必需的。帶著創作的衝動，去引爆創作的激情；帶著激情去創作，其作品必定是有血有肉的。筆者會不斷地努力，力爭寫出更多的武學作品，以饗讀者。

成書之際，特別要感謝王天增、武萬富、王祖金、白枝梅、王宏強、武冬、于三虎、伍軍紅、劉一鳴、武晨希和武喆彧等，沒有他們一直以來的關心、支援和幫助，就沒有這套叢書的面世。

作者

目　錄

第一章
南拳概述

第一節　南拳的起源與發展

一、南拳的流派發展

南拳是流傳在中國長江流域和長江以南各地區拳術流派的統稱。研究證明，「南拳」作為武術詞語，最早出現於明代隆慶二年（1568年）鄭若曾所著的《江南經略》，在「拳法論述」一節中曾記載有南拳流派；清代《小知錄》中記載的11個拳種中就有南拳，記載中描寫，在明代有「使拳之家十一」，「使槍之家十七」，其拳有「趙家拳」「南拳」「勾掛拳」「披掛拳」……可以得知，南拳在中國已有400多年的歷史了。

南拳的特色是由舊時中國南方人的身形特點所決定的。因為舊時南方人身材一般比較短小精悍，做武術動作進退靈巧機敏，肌肉爆發力好，與北方人身材高大、擅腿遠攻的特點形成鮮明的對比。

南拳主擅拳法，手法嚴密細膩，橋法多變，上肢招式連變，動作緊湊，剛拳大力；下肢雙腳十趾抓地，落腳生根，步穩勢烈，剛健有力。南拳演練講究勢正力整，勁道

渾厚，氣勢奪人，發聲呼喝，內外合一，以氣催力，以聲助勢，攻防明顯，身法多變，硬橋硬馬，穩紮穩打，拳風威武雄壯，氣勢磅礴，大有「呼喝則風雲變色，開拳則山嶽崩頹」之勢，但腿法相對較少，故中國武術有「南拳北腿」之說。

南拳的流派和拳種很多，主要分佈在中國廣東、福建、廣西、湖南、湖北、江西、江蘇、浙江、四川等地，其中，又以廣東、福建發展得最為「枝繁葉茂」。隨著時間的推移，南拳逐漸發展壯大形成兩個主要流派，即廣東南拳和福建南拳，二者堪稱南拳之雙雄。

1. 廣東南拳

廣東南拳主要是由五大名家和十三名拳組成，五大名家指洪家拳、劉家拳、蔡家拳、李家拳及莫家拳，十三名拳包括蔡李佛拳、詠春拳、俠拳、白眉拳、南枝拳、儒拳、佛家拳、刁家拳、朱家拳、岳家拳、崑崙拳以及練步拳和練手拳。其間尤以洪家拳、蔡李佛拳和詠春拳最為流行。廣東南拳器械主要有子午連環棍、金鎖連環雙刀、單頭棍、雙頭棍、蔡家大耙和長矛大刀等。

洪家拳是名列廣東南拳之首的拳種，相傳是由清朝末年洪熙官所創。洪家拳的主要代表套路有鐵線拳、工字伏虎拳、虎鶴雙形拳、五形拳、十形拳等。主要器械套路有洪家伏虎凳、洪家雙刀、鐵包金棍和六合棍對練等。

洪家拳的特點是動作渾厚樸實，步法穩健，招式剛烈，以氣催力，以聲助力。上肢動作較多，腿法較少，其

手法剛猛沉重，多橋法，主要有沉橋、圈橋、纏橋、截橋、膀橋；擅標手，以短勁攻擊；在馬步上有硬馬的風格，以子午馬、吊馬、四平馬、麒麟馬、二字拑陽馬等為主。

其餘四家名拳的特點也清晰分明，各有特色。如劉家拳的特點是進退快速，攻守兼備，靈活多變，多短橋、短馬；蔡家拳的特點是暗中出手，以短打為主，沉肘、護肘，常發短勁，剛中有柔；李家拳的特點是長橋大馬，出拳、收拳疾快，多跳躍，擅腿法，動作幅度大，進退靈活；莫家拳的特點是側身斜肩，橋、馬出眾，沉肩落臂，莫家拳還有一腳勝三拳之說，是南拳中一個十分特別的門派，它主要特點是以腳攻擊目標為主，腳法有撐雞腳（穿心腿）、虎尾腳（後蹬腿）、低釘腳、鉤鐮腳、側踢腳、雙飛腳、旋風腳等。莫家拳的手法，大多是走重手，以碎喉、插眼、撩陰等手法為主。

武術名家林世榮創編的虎鶴雙形拳，因套路內容豐富、風格獨特，編排結構精妙，佈局合理，因此成了廣東南拳的代表。虎鶴雙形拳最著名的絕技是虎鶴十絕手，即挖眼、封喉、抱顱、轟耳、破襠、反筋、抓指、卸骨、斷臂和點脈。此十大絕手，易致人傷殘，故歷代高師密而不輕傳，精熟此技者可謂鳳毛麟角。

虎鶴雙形拳中另有一絕技，即點脈技。凡人一身筋血，其大而露者莫過於頸動脈，與股動脈、腹動脈、臂動脈和腕動脈並稱為五大脈門，其或破或裂或塞或閉，皆可致人死亡，故練習者不可輕易使用此技法。

新中國成立後，虎鶴雙形拳套路成為全國高等體育院校的武術教材，並流傳全國。

蔡李佛拳是廣東南拳的主打拳種，是由廣東新會崖門鎮京梅村人陳享（1806—1875年）於道光十六年（1836年）創立，後來他開設蔡李佛拳洪聖館授徒。蔡李佛拳起源嶺南，足跡遍及亞洲、歐洲、美洲、大洋洲的國家和地區，歷經170多年的發展和傳播，如今已蜚聲海內外，於2008年被列入國家第二批非物質文化遺產目錄。

目前，全世界將近有40個國家和地區成立了蔡李佛拳的總會和分會。

蔡李佛拳套路有小梅花拳、平拳、五行拳、虎拳、白模拳等。其特點是身正腰活，肩鬆臂靈，步穩腿疾，橋法全面，招式連環，勁力充沛，剛柔相濟，呼氣助力等。講究「遲人後動，招法先至」。

蔡李佛拳在發聲上頗有講究，一般虎爪發「域」聲；踢腳時發「嘚」聲；出拳時發「嗌」聲；蛇形動作發「嚇」聲；鶴形動作發「鶴」聲；最為常見的發聲為「嘚、域、嗌」，故聽到此三聲，便知是蔡李佛拳。

詠春拳又稱「永春拳」，據傳起源於清朝中期，早年間流行於廣東、福建各地。關於它的起源有兩種說法，一種說法是，因為此拳傳於福建永春縣，為該縣嚴三娘所創，以地名為拳名，故名永春拳；另一種說法是，此拳由對南少林武功非常瞭解的武術大師五枚師太所創立，後傳授於其弟子嚴詠春，故名詠春拳。

詠春拳的拳套比較少，只有小念頭、尋橋、標指、八

斬刀、六點半棍法等內容。其拳勢緊湊，手法多變，屬於短打之中的優秀拳種。

2. 福建南拳

福建地處中國的東南沿海，這裡群巒疊翠，溪流縱橫，風景秀麗，數千公里的海岸線蜿蜒曲折、綿延不絕。在周朝時，福建的先民們形成了七個大部落，歷史上稱為「七閩」。到了唐初，由於增設了「漳州」，因此被稱為「八閩」。

福建人傑地靈，歷史上政治家、思想家、軍事家、武術家等名家輩出，燦若星河。中國最早、最全面的一部軍事著作《武經總要》的主要編撰者，宋朝名相曾公亮就是福建人；另一部重要軍事著作《續武經總要》的編撰者明朝抗倭名將俞大猷也是福建人；此外，史稱「出將入相，南渡第一名臣」的抗金名相李綱、民族英雄鄭成功以及清朝首位漢人大學士洪承疇、收復臺灣的施琅和禁煙先驅林則徐等也都是福建人。

福建南拳主要有五祖拳、太祖拳、詠春拳、福州鶴拳、永春白鶴拳、五行拳、地術犬法（地術拳、狗拳）、連城拳、達尊拳、龍尊拳、虎尊拳、羅漢拳、南佛拳、金獅拳、青龍拳、蛇拳、猴拳、雞拳、牛拳、梅花拳、花拳、五枚拳、文拳、佘族拳、女人拳、二郎拳、俞家拳、開元拳和宋江陣（集體拳）等。

福建南拳有兩種風格，一種是長手、長橋、大馬，長於進攻；另一種是短手、短橋、狹馬，利於防守。

福建南拳中的五祖拳是福建南拳最具影響力和代表性的一個拳種，它動作簡潔，步法穩固，手法密集，拳勢激烈，講究短打近攻。

太祖拳頗有帝王風範，古樸實用，步型偏高，招短勢險，穩紮穩打，勁力剛猛，氣勢奪人，講究剛、猛、緊、穩、小五字訣。

福州鶴拳是福建南拳中又一別具特色的名拳，是從永春白鶴拳演變而來，經過歷代拳家的傳承和發展，逐漸演變成飛鶴拳、鳴鶴拳、宗鶴拳、食鶴拳這四種不同的鶴拳。飛鶴拳動作靈活，舒展大方；鳴鶴拳以身催力，激烈剛猛；宗鶴拳善用「宗勁」，剛柔相濟；食鶴拳輕巧快捷，靈活多變。

鶴拳講究三正，即頭正、身正、馬正，三到即意到、氣到、力到，三重即重樁馬、重勁力、重速度。

地術犬法也叫「狗拳」，是福建南拳的稀有拳種，該拳主要模仿狗的竄、蹦、撲、躍、翻、滾、仰、撐、立、臥、閃、抖等動作形象和特點，結合武術的攻防要義而組成的拳術。狗拳主要有上、中、下三盤功法，上盤多擅手法，中盤多擅腰法，下盤多以跌、撲、滾、翻、竄、絞、剪、錯等技法為主，也是該拳的技擊靈魂。

狗拳講究六字要訣，即奇、速、輕、巧、變、硬。奇是以奇奏效，速是以快取勝，輕是技法輕靈，巧是巧妙借力，變是靈活多變，硬是身堅如鐵。

福建南派武術中的器械主要有五祖棍、單頭棍、七步槌、藤牌刀、虎尾槍、柳公拐、伏虎叉、鹿茸畫戟、蜈蚣

刀、煙杆、子母棍、北斗金錢鉤、日月乾坤刀、鐵耙、滾地單刀、滾躺雙刀、板凳術、大刀等。

此外，還有浙江南拳，主要包括有洪拳、黑虎拳、溫州南拳、台州南拳、金剛拳、四門拳、連步拳、五虎拳、三步鶴拳、羅漢神打拳、梅花拳、八仙拳、天罡拳、地罡拳和船拳等；浙江南派武術器械有四門棒、梅花棒、青龍棍、打虎棍、丈二棒、鐵尺、板凳花和銅鐧等。

湖北南拳主要有岳家拳、洪門拳、魚門拳、孔門拳、水滸門拳、熊門拳、嚴門拳、窄門拳、佛門拳、苗族拳、風門拳、水門拳和火門拳等。

四川南拳，主要有僧門拳、趙門拳、杜門拳、洪門拳、化門拳、字門拳、會門拳和岳門拳等八門拳；另有峨眉拳、余門拳、化門拳、白眉拳、火龍拳、青龍拳、纏絲拳和鴛鴦腿等。

湖南南拳主要有巫家拳、薛家拳、洪家拳和岳家拳等。

江西南拳主要有字門拳、硬門拳、三十六路宋江拳、客家拳和虎拳等。

廣西南拳主要有周家拳、屠龍拳和小策打等。

江蘇南拳目前流行的只有陽湖拳（又名「常州南拳」）、佑家拳和唐手拳。

南拳在武術中可謂獨樹一幟。新中國成立後，南拳作為中華武術的重要組成部分得到了長足的發展。

1958年9月，中國第一屆武術協會邀請一批武術專家經過反覆討論，起草了中國第一部以長拳、南拳、太極拳為競賽內容的《武術規則》。

1960年，國家將南拳列為武術競賽的主要項目之一，在歷年全國性的武術表演賽中都佔有重要地位。

1961年後，廣東南拳中的虎鶴雙形拳被編入了全國體育院校通用教材。

1989年，中國武術協會受亞洲武術聯合會的委託，組織部分專家創編了《南拳競賽套路》。同年，國際武術聯合會推出了第一套國際武術競賽套路，其中包括南拳、長拳、太極拳、刀術、槍術、劍術、棍術等七個競賽套路。為南拳進入洲際比賽奠定了基礎。從此，南拳得到了廣泛的流傳，不僅在中國內地及港、澳、台有深厚的傳習基礎，還遠及東南亞、日本、澳洲和歐美等地，歷久不衰。

1990年，第十一屆北京亞運會武術比賽中，南拳首次被列入亞運會競賽項目，共有十一個國家和地區參加了此次比賽。比賽項目設有男女南拳、男女太極拳、男女三項全能（長拳、長兵、短兵）。

1992年初，中國武術研究院、中國武術協會又組織部分南拳專家及優秀運動員創編了南棍、南刀的競賽套路，並將其作為中國第七屆全國運動會武術比賽的規定套路。南刀是南派各類刀術的總稱，南棍是南派各類棍術的總稱。

1996年，由原國家体委武術研究院、國家體委武術運動管理中心審定出版了《中國南拳系列套路》，全書包括初級南拳、中級南拳、高級南拳、南刀競賽套路、南棍競賽套路、南槍、南叉、單頭棍等8個套路。該書是由近30名南派武術專家、學者、名師經過一年多的努力編寫而成

的，對南拳的普及、發展和提高起到了很大的推動作用。

1997年，根據《中國武術段位制》實施的具體要求，原國家體委武術研究院和國家體委武術運動管理中心又審定通過了包括南拳、南刀、南棍在內的南拳類規定考評技術體系，南拳成了中國武術段位制考評的正式項目之一。

2013年6月，第三套《國際武術競賽套路》出版，此舉旨在更好地普及、推廣、提高、發展國際武術運動，其中包括南拳、南刀、南棍三個南派武術套路，足見國際武術聯合會對南派武術的重視。

至此，在世界武術錦標賽、世界傳統武術錦標賽、世界青少年武術錦標賽、亞錦賽、亞運會以及全運會、全國武術錦標賽等各種大型賽事中，都有南拳、南刀、南棍的比賽項目。南拳已與長拳、太極拳共同構成了三足鼎立的競賽新格局，展示出南拳良好的發展前景。

二、南拳的技術發展

傳統南拳的主要組成內容有衝拳、劈拳、抛拳、鞭拳和撞拳等拳法；截橋、圈橋、劈橋、穿橋和滾橋等橋法，彈腿、蹬腿、踹腿、鉤腿、釘腿、踩腿和擺腿等腿法，且多為屈伸性的腿法，即高不過頭、中不過腰、低不過膝；步型有四平馬、單蝶步、騎龍步、跪步和麒麟步等。

南拳的身型可分為兩大類，一類是含胸拔背，沉氣斂臀，短橋小馬，發短勁；演練時要求吸膀蓄勁，沉肩屈臂，先收後放，動作緊湊；一類是挺胸堅腰，收腹斂臀，長橋大馬，發長勁；演練時要求身正步穩，動作展開，剛勁有力，節奏分明。

南派武術中的主要兵器有雙匕首、單刀、單劍、雙劍、雙刀、雨傘、行者棍、五郎八卦槍棍、五點梅花棍、洪門棍、春秋大刀、斬馬刀、大耙、鐵尺、扇子、三節棍、拐、板凳、蔡陽刀、鐵包金棍、十八攔槍、護手刀、七星刀、單鞭和雙鞭等。

南拳衍變發展至今，已有傳統南拳、自選南拳、規定南拳三大類，以及南刀、南棍等南派器械、對練、功法及實用技法等體系內容。

南拳的特點是動作剛健樸實，上肢動作較多，腿法、跳躍隨之發展起來，並越來越受到重視，以及因勢吶喊，以聲助氣，以氣催力，步法穩固，拳勢猛烈，這些都賦予了南拳陽剛的特點。

傳統南拳多是一些實戰技法的總結和串編，路線佈局大多單一、短小；而競賽南拳套路在武術競賽規則的指導下，動作編排突出高低、對稱、上下的配合，講求節奏韻律的變化，在套路的路線佈局上注重勻稱，將演練線路均勻分佈在長14公尺、寬8公尺的場地上，使其更具有觀賞性。

南拳競賽套路，動作緊湊、步法穩固、腿法較多、身居中央、穩馬硬橋、脫肩團胛。在演練技巧上也提出了一系列的要求，即手與眼合、眼與心合、肩與腰合、身與步合、上與下合，要手到、身到、步到，目隨手動，傳神於目，力從腰生。要求手眼身法步、精神氣力功的配合協調，在發聲上做了要求和規定，更好地達到助威勢、助勁力、助形象的效果。

1996年，南拳被改為自選拳術套路，並對其進行了「指定動作」的要求，在套路內容的規定上出現了與以往不同的內容，如套路中必須有拳、掌、勾三種主要手型和弓步、馬步、虛步、跪步、獨立步五種步型，並做出了具體次數的規定，對手法、肘法、橋法、步法也有所要求。同時，根據競賽規則和規程要求選擇「指定動作」。九運會採用的「指定動作」，其動作的改進主要以跳躍旋轉度數為主。

自1996年規則實施以來，「指定動作」共有「八運會」與「九運會」兩套標準。

2002年，在全國武術冠軍賽上試行了新的比賽規則，對南拳產生了比較大的影響。新規則的試行，首先突破了傳統的武術競賽規則，設置了難度係數分值，採取分組打分的辦法，可量化評分。因此，難度動作的增加，提高了南拳比賽的觀賞性，增強了可比性和區分度，有利於賽場上的公平競爭。

2004年，十運會將「指定動作」改為「難度動作」。根據對「難度動作」構成元素的統計分析，結果表明構成「難度動作」的單個難度元素主要是腿法、跳躍翻騰及平衡三大類。規則確定的「高、難、美、新」的技術發展方向既是技術發展的方向，也是武術運動員競技制勝的基本要素，它影響了整個競技武術套路的全部內容，因此對現代競技南拳的發展也產生了較大的影響。

現代競賽南拳套路，在保留南拳的主要傳統動作和特

點外，還增加了腿法、跳躍、跌撲、滾翻等動作，符合現代武術套路規則的具體要求。南拳將沿著「高、難、美、新、穩」的技術方向發展下去。

競賽規則對所有南拳難度動作的技術規格、完成品質、難度是否準確都有明確的扣分標準。比如，跳躍動作中未騰空或轉體度數不符合規定或起跳步數超出規定的則沒有動作難度分值，馬步、虛步過高，未接近半蹲，要被扣除0.1分等具體要求，因此難度動作首先是規格要達到高標準。

競賽規則的演變促進了競賽南拳的技術發展，難度動作以及難度連接動作的出現，促使運動員必須具備更高的身體素質和更好的專項能力。

2012年出臺的《武術套路競賽規則與裁判法》規定，自選項目套路中的南拳至少包括虎爪一種手型，掛蓋拳、拋拳兩種拳法，滾橋一種橋法，弓步、仆步、虛步、蝶步、騎龍步五種步型，麒麟步一種步法，橫釘腿一種腿法。

規則規定，現行的自選南拳、南刀、南棍競賽套路中，要求有6個動作發聲，其中包括3種以上的不同發聲，發聲多以「嘿」、「哇」、「嗌」、「嘚」等為主。

規則中對南拳的動作難度內容、等級、分值的規定如下：

A級：腿法是直身前掃腿540度，跳躍包括騰空飛腳、旋風腳360度、騰空外擺腿360度、側空翻和原地後空翻，跌撲有騰空雙側踹和騰空盤腿360度側撲。以上各

項內容均得分0.20分。

B級：腿法是直身前掃900度，跳躍包括騰空飛腿向內轉體180度、旋風腳540度、騰空外擺腿540度、單跳後空翻。以上各項內容均得分0.30分。

C級：跳躍包括旋風腳720度、騰空外擺腿720度；以上各項內容均得分0.40分。

規定南拳自選套路時間，成年人不少於1分20秒，青少年（含兒童）不少於1分10秒，南拳對練套路不少於50秒。

規定南拳的著裝是無領、對襟上衣。男子的上衣為無袖，女子的上衣為短袖，均有七對直襻，周身有1公分的邊。下身要穿燈籠褲，鬆緊腰，橫、立襠要適宜，並紮軟腰巾或硬腰帶。

自選南拳評分方法：滿分為10分，其中動作品質分值為5分，演練水準分值為3分，動作難度分值為2分（包括動作難度分值1.4分和連接難度分值0.6分）。

傳統南拳評分方法：滿分為10分，其中動作品質分值為5分，演練水準分值為5分。

第二節　南拳的主要技術內容

南拳的主要技術內容包括手型、手法、步型、步法、腿法和難度動作等。

手型主要包括拳、掌、勾、指、爪和橋手等。

南拳的手法分為直臂手法和曲臂手法兩種。

拳法主要包括衝拳、撞拳、蓋拳、抛拳、掛拳、掃拳、鞭拳、插拳、架拳、劈拳等。

掌法主要包括標掌、推掌、劈掌、挑掌、撥掌、截掌、壓掌、架掌、插掌、切掌等。

勾法主要有鶴頂手和鶴嘴手。

指法主要有單指和雙指。

爪法主要有虎爪和龍爪。

中國武術講究南橋北柱，手臂腕處至肘之間的小臂為橋，腳腕處至膝之間的小腿為柱。南拳的橋又稱橋手，包括上橋和下橋，上橋為橈骨處，下橋為尺骨處。橋手要訣是「有橋斷橋，無橋生橋」。橋法有長橋、短橋之分。直臂為長橋，屈臂為短橋。各種橋法主要有沉橋、切橋、劈橋、架橋、分橋、滾橋、圈橋、纏橋、盤橋、攻橋、膀橋、截橋、穿橋、抽橋等。

肘法主要包括壓肘、頂肘、撞肘和擔肘等。

步型主要包括弓步、馬步、虛步、併步、開步、仆步、拐步、騎龍步、跪步、半馬步、獨立步、單蝶步和雙蝶步等。

步法主要包括上步、退步、拖步、蓋步、插步、麒麟步和跳步等。

腿法主要包括前踢腿、蹬腿、橫釘腿、側踹腿、踩腿、彈腿、鏟腿、掛腿和前掃腿等。

難度動作主要包括旋風腳、騰空外擺腿、後空翻、騰空雙側踹、騰空盤腿跌、前滾翻、騰空飛腳和鯉魚打挺等。

第三節　南拳的特點與風格

南拳是中國武術的一大流派，其內容豐富，特點顯著，學練者數以萬計，在國內外享有盛譽。

一、南拳的總體特點

南拳的總體特點是開步紮馬，身居中央，八面進退，拳架嚴密，動作樸實、緊湊，手法靈巧、多樣，拳勢激烈，勁力剛猛，步法穩健，氣沉丹田，樁步沉穩，腿法低暗，腰馬合一，橋手靈變，堅硬有力，橋撞肘擊。貼身近戰技法豐富，力點準確，少跳躍、多短拳、擅標手、講發聲、須沉氣。吸蓄閉氣，呼發開聲，貫氣達梢。以形為拳，以意為神，以氣催力，以招發力，發聲助力，勇猛剽悍，體現出以小打大、以巧打拙、以快打慢的技擊特色。

主張低腿不過膝、中腿不過肩、高腿不過頭，動作以實戰為主。

二、南拳的主要技術特點

1. 穩馬硬橋

南拳講究紮馬，紮馬就是樁步。馬步樁是南拳紮馬的基礎。有大馬樁、小馬樁和半馬樁之分。不論什麼形式的樁步，都要求腳趾抓地、落地生根，強調「穩如鐵塔，坐如山」。「手是銅錘，腳是馬」，練好紮馬，才能步穩力

猛，腿重招靈。

橋是指小臂的運用方法，又稱「橋手」。對橋手則要求肘臂剛硬，內蓄勁力。俗語說：「練得硬橋硬馬，方能穩紮穩打」。

2. 脫肩團胛

脫肩，是指兩肩有意識地向下沉墜，似乎將其向下離骨脫卸。團胛，是使肩胛骨向前微合，形成背拱之狀。脫肩下沉，能助長臂肘的勁力。團胛前合，能使背收緊，有助於前胸的含虛，便於上體發出遒勁力道。

3. 直項圓胸

直項，是下頜裡收，使頸項向上挺直，但切記不可僵硬。圓胸是胸微含，稍呈圓形。項直有助於胸、背、肩、肘的勁力合一，胸圓則有助於氣息順暢。

4. 沉氣實腹

氣沉丹田，使腹肌加以緊縮，促使臀部收斂。配合脫肩團胛、直項圓胸以及腳趾抓地，做到上下完整一體，周身勁力凝合到一處。蓄勁閉氣與發勁開聲交替作用，要求動作用腹式呼吸。

5. 五合三催

五合，是手與眼合，眼與心合，肩與腰合，身與步合，上與下合。三催是手催、步催、身催。大凡開步出拳

都要身隨步轉，拳隨腰發，收腹蓄勁，先收後發，蓄發互變。手法須靈活，步法須生根。運動時「手到、眼到、身到、步到」，目隨手動，傳神於目，示意於手。

要求手眼身法步、精神氣力功配合協調，才能渾然一體，一氣呵成。

6. 力從腰發

「手從胸口發，力從腰馬生。」南拳把腰視為發力的重要樞紐，身體的發力都靠腰力來帶動。同時，南拳又強調腰功必須剛柔相濟，如「魚游於水，蛇行於陸」。如果腰部呆板剛硬，缺乏柔韌，也帶動不好勁力的發揮。

7. 發聲呼喝

南拳講究發聲，一般的發聲有「嘻」、「喝」、「嘩」、「嘷」、「咿」、「嗌」等六音。隨著拳勢變化的不同，運用不同的呼喝聲。「呼喝則風雲變色，開拳則山岳崩頹。」發聲呼喝，可以助威勢、助勁力、助形象等，但不可以無原則地亂喊亂叫。

在發力時，發聲吐氣可增加動作的爆發力和威懾力。

8. 體壯勁粗

南拳強調運氣鼓勁，肌肉隆起，張弛有度。全身體剛勁粗，整個拳勢呈現出剛勁十足的陽剛之美。由於南拳勁力飽滿，以剛為主，所以練習者肌肉發達，筋骨強壯，力量、速度等均有顯著提高。

9. 手法豐富

南拳手法有拳、掌、鉤、爪、指、肘及橋法等上肢內容，其動作密而疾，技法多變，長短兼備，敏捷有力，常以快取勝。

其中橋法是南拳特有的手法，有滾、圈、盤、切等，「一勢多手，一步數手」，故武林有「南拳重手」之說。

10. 身型低沉

南拳特別重視下盤的穩定性，拳諺說「學南拳，先紮馬」。同時講究步法的靈活多變，身型低沉，如騎龍步、拐步、蓋步等運用，可以使身體靈活穩固，變向快速，增強實用性。

三、南拳的演練風格

南方人體態相對於北方人普遍矮小，因形態特徵決定了南方人在身體方面的一些不利，所以需要「取其長彌其短」，講究貼身靠打，短拳近橋，充分發揮「一寸短，一寸險」的自身優勢。透過開馬紮步加強自身穩定性，透過腰馬合力加強勁力發放，透過堅硬活變的橋手加強攻防，透過運氣發聲助力助威，達到克敵制勝的效果。

演練南拳以剛為主，剛柔相濟，長短並用，左防右攻，快慢相間。快時迅速清晰，慢時沉穩有力。蓄氣沉身，發聲洪亮，身法吞吐浮沉，腰身一致，靠撞閃展，手起肩隨，腰催發力，氣沉丹田，發聲吐氣，動作飽滿。

發聲是南拳獨特的風格之一，要求意與氣合，氣與力合，力與聲合，由練習發聲，以起到拳勢威猛，氣勢逼人的效果。

靜勢要求眼神眉宇稍緊，閉嘴合齒，神態嚴肅，微顯怒意。動勢要求舒眉睜眼，神形皆備，協調完整。

南拳演練講究氣勢。氣勢包括內在的攻防意識、眼神的應用和動作的勁力及發聲、吐氣等諸多因素。

南拳的發勁要求力從腰發。「發於腿，主於腰，形於手」，而且要求「身穩發力，力由腰助」，腳趾抓地，以短促的呼氣配合內外同發，表現出南拳的勁力渾厚。同時，蓄勁閉氣與發勁開聲交替作用，要求動作用腹式呼吸，對練習者增強心血管、消化和呼吸系統功能，促進新陳代謝都有很好的作用。

第四節　南拳的勁力與發聲

一、南拳的勁力

勁力是完成武術動作時氣力的展示。力量和速度是關係到勁力大小的兩個因素。其中，力量是基礎，速度是關鍵，如果力量相等時，速度越快，發出的勁力就越大。

中樞神經調節直接影響著肌肉發力的大小。如果中樞神經系統傳出的神經衝動頻率高，強度大，則肌肉內所產生的力量也大。只有肢體肌肉充分放鬆，才能提高動作的速度。

南拳中的勁力是指透過肌肉興奮，使其長度和張力發生變化，並由意識引導而集中的強大力量，於一瞬間從肢體的某一部位爆發出來所產生的衝擊力。

發勁前，原動肌、協同肌充分預拉伸即充分蓄勁，如果參與發力的關節和肌肉群多，那麼就會有較長的發力行程。同時力量和速度的配合以及掌握發勁的時機都很重要。

發勁時，肌肉群收縮的合力主要取決於參與發力的每一塊主動肌的最大收縮力。參與發力的肌肉越多，生理橫斷面就越大，產生的肌力也大，那麼肌肉收縮時產生的力量也越大。還有，主動肌同對抗肌、協同肌、固定肌的協調能力主要取決於肌肉群的牽拉角度和每個槓桿的阻力臂的相對長度。如果肌肉群的牽拉角度適宜，阻力臂短，力臂越長，發出的力量也就越大。

南拳的發勁要通過腿、腰、背、肩以及全身的協調一致，貫穿順達，才能達到勁滿力足、剛勁有力、氣勢沉雄的要求。拳語講：「力生根在於腳，發於腿，傳於腰，達於手。」在南拳動作發勁前都有蓄勁，蓄勁越好，發勁就越大。

在發勁的過程中，一定要控制好肌肉的放鬆與緊張，以提高發勁的力度；同時要借用腰腿力量的發放，把全身的力量集中於肢體某一部位發放出來，從而達到「鼓全身之氣，運四肢之力」，並以發聲助長發勁。南拳將全身的最大勁力發放出來，體現出「起於腳、順於腰、達於手」的發勁規律。

南拳的勁力分長勁、短勁、寸勁、柔勁、剛勁等。長勁是指長距離、大幅度用力，包括上肢、下肢、軀幹儘量伸展，力達觸點。短勁是指短距離、小幅度用力，包括上肢、下肢、軀幹適度彎曲，力達觸點。寸勁是指動作進攻或防守相距目標於寸間，突然發力，力達觸點。柔勁是指動作連綿不斷、有序地用力，力達觸點。剛勁是指動作節節貫達，延長用力，力達觸點。

拳語講「功夫深淺在於練，勁力靈捷在於變」。在演練南拳整套動作的時候，勁力招式要合乎規範，節奏明快，鏗鏘有力，拳勢威猛，神韻逼真，路線多變，這樣才能將南拳之魅力完美地呈現出來。

如在發放寸勁的一剎那，要求加強全身肌肉關節的緊張度，以縮短用力的時間，增大寸勁的發放效果，同時可發聲吐氣，催促發力。

南拳發勁時要做到快慢相間，剛柔相濟，要使腰、腿、身、手的勁力貫穿一致，力求達到手起、肩隨、腰催，以腰帶臂，以肩帶手，並結合發力動作，鼓全身之氣，運四肢之力，以丹田之氣直衝而出，使氣與力合，意與形合，內外結合，氣聲合一。

總之，南拳套路動作中的發勁是貫穿於整個套路的始終，掌握動作的發勁方法和用力技巧，力要起於根，順於中，達於梢，足、膝、腰、背、肩、肘、腕、手全身九節勁力要節節貫穿，協調順達，使南拳具有柔而不軟，剛而不僵，慢而不鬆，快而不亂，靜則有勢，動則有威的氣勢，體現出南拳特有的勁力風格。

二、南拳的發聲

南拳發聲即練習南拳時的發聲呼喝。這一點與其他拳種不同。

在演練南拳時，習武者還透過運氣鼓勁，使肌肉隆起，時張時弛。同時，南拳發聲以聲吐氣，以聲助力，以聲強威，以聲合體。南拳發聲並不是亂叫瞎喊，而是有規則地一防一守，一口一鼻，因拳勢、拳種而發聲呼喊。根據各種不同的勁力，發出各種不同的呼喝聲音，呼喝出的聲音按拳勢變化分為「嘻」「喝」「嘩」「噂」「咿」「嗌」六種。此外，還有一些模仿動物的聲音特點，如福建的鶴形拳就是模仿鶴的發聲。

南拳發聲有重聲和輕聲之分，有口腔發聲和鼻腔發聲之分，有單音、雙音之分，有結合動作發聲，還有模仿動物發聲等不同的發聲方法。

湖北土家族發聲多為「嘿、哈、噫、嗟、咦」；廣東洪拳發聲多為「嘎、噫、哼、嘿、哈」；浙江金剛拳發聲多為「呀、唏」；競賽南拳、南刀、南棍發聲多為「嘿、哇、嗌、哼、哈、嗨、嗳、嗚、喲」。其中「哼」多由口發出聲，「哈」多由喉發出聲，「嗨」由腹部所發出聲。廣東南拳中只有鐵線拳發聲較多，其中有口發聲「吃、嘻、嘩、喲、嗬、嗦、揸」，鼻發聲有「唔」等；蔡李佛拳的發聲要求是有條件的，即凡是與虎爪有關的動作發「域」聲，腳法發「喲」聲，出拳發「嗌」聲。

南拳的發聲，以發聲吐氣，以氣催力，一般遵循兩個

原則，一是結合動作發力而發聲，做到力、氣合一；二是模仿象形動作因勢發聲，做到形、意合一。

發聲呼喝的作用是助拳勢、助勁力、助形象，還有助於排除體內的餘氣，促進氧化供能的作用，故南拳有「吐氣須開聲」之說。

第五節　南拳五傑

1. 鐵橋三

鐵橋三（1813—1886年），原名梁坤，廣東南海人。自幼酷愛武術，十四、五歲時，便已經練得一身好功夫。後來，梁坤拜名聞江南的少林寺洪拳鉅子、福建莆田少林寺的覺因大師為師，入廣州白雲山能仁寺帶發修行。在寺中學藝七年，其間他練功刻苦，得到覺因大師的悉心教誨，盡得其真傳，成為洪拳傳入廣東後的一位代表人物。

經過不斷努力，梁坤的功夫日見高深，他把雙臂伸開，能掛起六條大漢，步行數十步而面不改色，因此遠近知名。因為他在家排行第三，所以當時人們便稱他為「鐵橋三」。

鐵橋三以一身武藝行走江湖，不僅廣收門徒，而且經常資助窮苦子弟，行俠仗義。到清朝光緒年間，他已經是名滿南粵大地的武林高手，位居廣東晚清「十虎」前列。

在廣州期間，鐵橋三主要居住在海幢寺。他經常與寺中的僧人互授拳棍之術，切磋武藝。其師覺因大師在110

歲時圓寂，鐵橋三失去恩師後無心繼續在寺中修行，於是便離開寺廟下山居住。

這時很多人都想拜他為師，眾多名門望族也都紛紛請他教授子弟。因為19世紀的中國正處於清代末年，內憂外患，社會動盪不安，百姓的人身安全很難得到保障。

而廣東省治安尤為惡劣，不少百姓為了保護自己，開始紛紛習武自強。那時幾乎每個村鎮、行會都會聘請武術高強的武師任教，既為了保護自身利益，又可以讓族中子弟強身健體。漸漸地，南粵大地練武之風盛行起來。

當時，廣州河南（現海珠區）富商蔡贊、富家子伍熙官等相繼聘請鐵橋三到其家中教習武術。這時鐵橋三在武功的修煉上更是精益求精，在此期間，他還自創了鐵線拳。鐵線拳是一套養生拳，屬於少林外家拳之內功手法，以運動肢幹、暢通血脈為主，具有壯健體魄，反弱為強的功能，專為鍛鍊橋手之用，是鐵橋三的絕技，後來他的首徒林福成把鐵線拳傳授給了黃飛鴻，使這套拳法得到了發揚光大。

鐵橋三對武學之道從未感到知足，而是活到老學到老。在他晚年的時候，當他聽說新會的外海鄉茶寇庵寺有名叫意誠的僧人擅使五點梅花棍，於是他不顧年老體邁，親自前往討教，直到把這套棍法都學到手才回到廣州。後來，鐵橋三堅持練習三十六點銅環棍，但因年事已高，體力不勝，最終積勞成疾，染病而卒，享年73歲。

2. 黃飛鴻

黃飛鴻（1847—1925年），原名黃錫祥，字達雲，原籍廣東佛山南海西樵祿舟村，清道光二十七年（1847年）七月初九生於佛山，是嶺南武術界的一代宗師，在南派武術的發展歷史中有著重要的影響，也是一位濟世為懷、救死扶傷的名醫。黃飛鴻的一生充滿傳奇色彩，它曾追隨著名愛國將領劉永福在抗日保台戰爭中立下功勳。

黃飛鴻縱橫江湖數十年，憑著過人的勇敢、智慧和絕技，身經百戰，戰績輝煌顯赫，成為中外聞名的武術大師。他武藝高強且崇尚武德，推尚「習武德為先」，從不恃強凌弱，堅持以德服人。他摒除門派之隔閡，力主能者為師，力排重男輕女之見，是最先收女弟子和組織女子獅隊的武師之一。黃飛鴻生前弘揚國粹、匡扶正義、見義勇為、扶弱助貧、濟世為懷的風範，在武術界留下了許多膾炙人口的逸事，被世人廣為傳誦。

黃飛鴻6歲師從「廣東十虎」之一的父親黃麒英習武，13歲隨父鬻技街衢，盡得家傳功夫。後遇鐵橋三（即梁坤，廣東十虎之一）之愛徒林福成授其鐵線拳、飛砣等絕技，並隨宋輝鏜學了無影腳，武藝日臻精進，稍後，黃飛鴻隨父於廣州樂善山房設館授徒。其父謝世後，黃飛鴻子承父業成為一代宗師，是當時南派武林中最年輕的武術教練。一生中，曾先後被提督吳全美、黑旗軍首領劉永福等聘為軍中技擊教練。相傳其平生絕技有雙飛砣、子母刀、羅漢袍、無影腳、鐵線拳、單雙虎爪、工字伏虎拳、羅漢金錢鏢、四象標龍棍和瑤家大耙等。因其尤精虎形拳諸勢，故在武林中享有「虎癡」之雅號。此外，黃飛鴻亦善於舞獅，有廣州獅王之稱。

黃飛鴻的舞獅技術堪稱一絕，他的獅藝以獅子出洞、獅子上樓臺等著稱，以飛砣採青為絕技，在當時的廣東獨樹一幟。他將民間傳統藝術醒獅進行挖掘、整理，並刻苦訓練，在原有的南派醒獅技藝的基礎上，吸收融入了武術舞獅的技藝，由高樁醒獅、民間武術梅花樁與南派民間醒獅套路相融合，並匯入當地民間風格特色，技藝高難，編排巧妙，融舞蹈、武術、雜技、力度、美學於一體，形成新一派醒獅。黃飛鴻獅藝表演項目有傳統鼓點表演（七星鼓或三星鼓）、現代醒獅表演（獅上高樁採砣青、飛鴻八星陣等）、傳統獅表演或群獅表演（龍門表，竹梯青等）舞龍功夫。

黃飛鴻是清末民初有代表性的洪拳大師。廣東洪家拳與劉、蔡、李、莫家拳並稱為五大名拳。黃飛鴻的洪拳，一方面由陸阿采、黃泰、黃麒英所傳，一方面由鐵橋三、林福成所傳。黃飛鴻對洪拳進行了較為全面的整理，並以飛砣入埕、採高青、五郎八卦棍、無影腳等絕技聞名。

黃飛鴻不僅武功超群，醫術亦相當精湛，其駁骨療傷之技，時稱一絕。光緒年中，其在廣州仁安裡設「寶芝林」醫藥館，懸壺濟世，治病救人，上至將軍，下至百姓，功效顯著。

「寶芝林」和黃飛鴻的醫術聲名在外和黃飛鴻本人的醫德也有很大關係，他不但不藏私，還向社會公開跌打浸

泡方法和防暑涼茶驗方，希望有助於勞苦大眾。

1924年8月，廣州商團在英帝國主義支持下，趁孫中山北伐之際，在廣州發動武裝暴亂，縱火劫掠。黃飛鴻苦心經營數十年的寶芝林連同劉永福寫給他的牌匾和他唯一的照片亦毀於戰火。黃飛鴻受此沉重打擊，因而憂鬱成疾，次年農曆三月二十五日不治去世，終年78歲。

黃飛鴻生前為中國武術走向世界進行了不懈的努力，他的拳術和舞獅技藝，流傳和影響日益擴大，特別是虎鶴雙形拳、鐵線拳、工字伏虎拳、五郎八卦棍等，經由其傳人的大力推廣，現已聞名世界。

其夫人莫桂蘭在黃飛鴻去世後，在廣州、香港設館，也傳授黃飛鴻的武藝。而今，除中國外，美國、加拿大、澳洲、以色列、南非、義大利、新加坡、馬來西亞、泰國、墨西哥、德國、英國、瑞士、波蘭、比利時、捷克等地，都有他的弟子和再傳弟子。

黃飛鴻一生以弘揚國粹，振興嶺南武術為己任，經其門人林世榮等整理的鐵線拳、工字伏虎拳、虎鶴雙形拳結構新穎，動作輕快，革除了以往南派拳法沉滯狹隘、動作重複之弊病。成為黃飛鴻一脈之代表拳法。在新中國成立後，該拳法被列為中國高等體育院校教材內容之一。

如今，在南海西樵，鄉人們修繕了黃氏大宗祠，建立了黃飛鴻獅藝館。並且遠在港、澳、新加坡等地的後人們也設立了數十家黃飛鴻武館。為了更好地紀念和展現這位佛山歷史名人的不朽風采，2001年，佛山黃飛鴻紀念館落成並對外開業。該紀念館坐落在佛山市區中心，位於著名旅遊勝地祖廟的北側，總占地面積5000多平方公尺，為兩層兩進深三開間仿清代建築，設有陳列館、影視廳、演武廳和演武天井等。

3. 葉 問

葉問（1893—1972年），原名葉繼問，曾經改名為葉溢，祖籍廣東佛山南海羅村鎮聯星譚頭村，是佛山桑園葉族人。

葉問從小受到家庭嚴謹的儒家教育，7歲起便拜「詠春拳王」梁贊的高足陳華順（人稱「華公」）為師學習詠春拳。當時陳華順年事已高，與葉問年齡相差四十歲之多，故葉問也對其以華公相稱，而陳華順對此年幼弟子也是極為疼愛，自收葉問為徒後，便不再接受任何人士的拜門學技，葉問因此成了陳華順的封門弟子，其年長師兄如吳仲素等對這個年幼的師弟也是照顧有加。華公逝世後，葉問再隨師兄吳仲素鑽研拳技。

清末民初時期，中國人被外國人稱作「東亞病夫」。有一次葉問看見七八個外國海員當街欺辱婦女，一向喜歡打抱不平的他上前制止，與七八個外國海員戰在一處，但雙拳難敵四手，不到幾個回合就漸落下風，就在此時，一個青年人大喊一聲，擠入圍觀的人群，與葉問一同合戰那幾個外國大漢，最終打得七八個外國海員人仰馬翻，落荒而逃，此青年人正是梁贊之子梁壁。

得知眼前之人正是詠春大師梁贊之子，葉問當即拜其為師，因而有緣再隨梁壁深造詠春拳技，幾年的時間，葉

問因不斷得到梁壁的指點，使詠春拳技法日臻成熟，漸入化境。

葉問十六歲那年，遠離佛山，赴港求學外文，就讀於聖士提反書院。

在日軍攻佔佛山後，葉問的過人功夫，早被日本憲兵隊聞悉，在邀請其擔任憲兵隊的中國武術指導被拒之後，日本憲兵指派武術高手與葉問比武，要求葉問若被打敗則聽命他們差使，在敵強我弱的情況下，葉問只好接受比武。比武時日本憲兵隊派出的對手身材高壯，拳重步健，葉問對此毫無懼色，用詠春拳法不到一分鐘便迫使對手突然失去重心，對手雖未中招，卻也敗相畢露，葉問點到為止，及時收招。比武勝出後的葉問，擔心激怒日本軍閥，於是暫時離開了佛山。

後來，葉問還暗助我敵後方工作，使抗日活動得以順利開展。抗日戰爭勝利後，葉問雖有一身武功，卻放棄設館授徒，在縣府刑事單位任職。曾任佛山警察局刑警隊隊長，後升督察長、代理局長，擔負除暴安良的工作，曾親手偵破佛山沙坊之劫案，並在升平路升平戲院內親擒劫匪，更是得到了上級的賞識，最後出任國民政府廣州市衛戍司令部南區巡邏隊上校隊長。

1949年，葉問來到香港，由好友李民之推介，認識了飯店公會理事長梁相，梁相也是武術愛好者，得知葉問為詠春拳陳華順的門人，當即拜師學技於葉問，並請葉問在九龍大街的飯店公會公開傳授詠春拳。

1950年，由於求技者日漸增加，為了有更大的空間和

場地，葉問再三遷換場地於九龍利達街、李鄭屋村、九龍興業大廈，並分出晚間若干時段，到香港荷李活道館執教，使詠春拳技推廣至香港的每個角落，被讚譽為「一代宗師」。其間弟子中最出名的就是讓中國武術聞名世界的武打巨星李小龍。

七十歲的葉問，其功力並不遜色於青壯年時代。當時在香港，黑社會搶劫之風最盛。因此葉問常在夜間四處巡視，以維護地區治安，一旦見到有流氓劫匪出刀意欲搶劫路人，葉問就會出手相助。因此他所居住的街道成了香港唯一安寧的地方，葉問也因此多次受到香港政府的表彰，榮獲「優秀市民」的稱號。

葉問晚年後期收梁挺為「封門弟子」，將當時「詠春體育會」班徒交於梁挺繼續教授，並委以詠春體育會總教練的職務。

葉問大師於 1972 年 12 月 1 日在香港病逝，享年 79 歲。

詠春拳術，從一套女兒家的自衛術發展到實戰技擊之術，並在數十年間的急速發展中，由葉問把詠春拳從佛山帶到香港並由其「封門弟子」梁挺帶出香港，傳播到世界的每個角落，成為國際間極負盛名的中國武術，亦是現今很多外國人研習的中國武術拳種之一。

葉問以崇高的武德，推崇詠春拳的發展，最終把中華武術發揚光大，堪為一代宗師。為了紀念他，世界各地紛紛為他建造紀念館或紀念專欄。

2000 年，佛山武術博物館落成，裡面專設有葉問展

室；美國俄亥俄州設有葉問博物館；英國伯明罕的葉問（海外）國術總會設有紀念他的專欄；香港葉問國術總會掛有他的畫像和練功照片。

2012年1月14日，葉問紀念館於廣東省佛山市南海區羅村鎮正式開館，紀念館占地近800平方公尺，是一座傳統的二進式仿古建築，兩層樓高，設有歷代先賢堂、思源堂、名人堂和練拳場等場地，紀念館由祠堂和民居兩組建築組成，民居部分正是仿照葉問位於蓮花路的大宅桑園所建。

4. 方世玉

方世玉（1739－1763年），廣東省肇慶人。其父方德，做絲綢生意，喜好習武。其父在第一任妻子死後一直獨身，後來以六旬高齡續娶苗翠花，次年生下方世玉。其母苗翠花是「少林五老」苗顯的女兒。「少林五老」即五枚、至善、白眉、馮道德、苗顯，他們都被奉為真祖，功夫一流。後來因為政見不合，五枚、白眉、馮道德改投了武當派，「少林五老」中就只剩下至善和苗顯了。

由於苗翠花親眼目睹少林、武當相互仇殺的場面，因而決定把方世玉從小培養成一個鋼筋鐵骨、武藝高強的俠客。於是在方世玉滿月的時候，先採用鐵醋藥水通身淋洗，再用竹板、柴枝、鐵條把身體全部層層包紮起來，據說透過這樣反覆的鍛鍊，可練得全身堅實無比，像個鐵桶，頭硬如銅，筋骨如鐵，皮肉似鋼，經得起各種拳打腳踢。據史料記載，方世玉年少時與鄰里的孩子打鬥時從不出手，而是挺起胸膛讓別人打，而往往對手打不到三拳，自己就手疼難忍，敗下陣來。

方世玉3歲開始戴鐵帽子，腳穿銅靴練習跳躍，5歲練習紮馬步，6歲開始練拳腳，7歲站樁柱，8歲打梅花樁，11歲時十八般武藝樣樣通曉，少林拳更是熟練無比。同時在母親的薰陶下，方世玉慢慢養出了一副俠膽義骨，成了路見不平、拔刀相助的江湖少年英雄。

他為人行俠仗義，專好打抱不平，很受人們稱道。其神腿高力，是江湖上的遊俠，為人豪放，到處以武會友，專找徒負虛名的人較量。

肇慶，古稱「高要」，秦時即列為軍事要地，民間習武之風盛行。方世玉的父親表面上是個絲綢商人，實際上是個「反清復明」的幫派分子，「少林派」堂主。「少林五老」中的苗顯是「少林派」的老大之一，方世玉的母親苗翠花順理成章地成了「少林派」的嫡系。因此，方世玉在長到十幾歲時就進入了「少林派」。

他個子不高，身形矮胖，仗著一身不怕打的功夫，每次街頭鬥毆時都衝鋒在前，帶頭闖入敵陣，別人時有受傷掛彩，而他卻安然無事。

過了幾年，這群人打出了名氣，其中有十位最能打，在市井中號稱為「少林十虎」，依次為洪熙官、方世玉、劉裕德、胡惠乾、童千斤、李錦倫、謝亞福、梁亞松、方孝玉和方美玉（兩人均為方世玉的異母哥哥，與世玉相差近20歲）。其中方世玉以小小年紀能名列「少林十虎」第二位，足見其功夫之高。

因為方世玉從小不喜歡讀書，只喜好練武打架，其父難免擔心。因此，其父每次出門辦貨時都要把方世玉帶在身邊才放心。沒想到家喻戶曉的方世玉打死雷老虎的事件正是發生在他跟父親到杭州辦貨的這一次。當時，方世玉在街上正好看到武當派的雷老虎在擺擂臺，而且在擂臺兩邊還掛著一副對聯，上聯是「拳打廣東全省」，下聯為「腳踢蘇杭二州」，世玉見了大為憤怒，跳上擂臺就去比武，沒幾個回合就把雷老虎打死了。這雷老虎可是當地的一霸，仗著朝中有人更是橫行無忌，這次被方世玉打死在擂臺之上，自然是大快人心。

雷老虎的妻妹因姐姐、姐夫和父親都死於「少林派」手上，因此報仇心切，於是動用朝廷關係，借少林之仇家——武當派之力，剿滅了福建少林寺。方世玉也未能倖免，死於此次劫難，年僅24歲。

方世玉在近代武林中享有盛名，尤為老一輩拳師們所津津樂道。據《乾隆下江南》中記載，方世玉死於五枚之手，當兩人戰到第三十個回合時，方世玉被五枚一腳破襠斃命。

5. 林世榮

林世榮（1861—1943年），廣東南海平洲鎮平北西河村人。其祖父林伯善是武林中人，祖父疼愛世榮，將自己所學的「行月刀」「流金鐺」和「蝴蝶掌」悉數教給他，後又讓世榮拜自己的好友、洪拳高手胡金星為師，學習「六點半棍」及「箭掌算盤拳」等諸法。

林世榮臂力銳進，能背數百餘斤沙袋，以大力聞名於鄉間。一次偶經廣州源記屠場，屠場老闆見他生得人高馬大，體力充沛，便讓他在店中幫忙。

由於林世榮幹活很賣力，不滿一年就被升為主管，專門管理屠場工作，其間「豬肉榮」的綽號也從此被傳開來。後師從林福成和吳全美等名師，最後師從黃飛鴻二十餘載。

林世榮拜黃飛鴻為師後，武功日進，其間流傳著許多膾炙人口的故事，其中「海幢寺善服鐵頭僧」就成為一段佳話。

清光緒末年，廣州海幢寺（今南華路）來了一惡僧自號「鐵頭陀」，以頭撞人，所向披靡，鐵頭僧自恃技藝高強，欲謀奪海幢寺住持的財產，住持向黃飛鴻求救，黃飛鴻便攜林世榮同去。一見面，鐵頭僧吹噓說，初練「鐵頭」時，把粗砂放在石臼中，雙腳倒提，用頭把臼裡的粗砂舂粉碎；然後換上小麻石，再舂；再換上鐵塊。如此連換三次，「鐵頭」功夫便告成功。

聽後林世榮忍不住大笑起來，被激怒的鐵頭僧便要與他較量，鐵頭僧騰身飛起，以鐵頭向林世榮撞擊，林以虎鶴雙形拳的「月影腳」一式破之，當場將鐵頭僧踢出三尺之外，鐵頭僧落地時腦袋正好撞在石階上，起了個雞蛋般大的疙瘩。鐵頭僧頓知林世榮功夫的厲害，倉皇遁去。

林世榮還曾擔任過福軍軍中武術總教練。清代末年，廣州府主事為了弘揚國粹，交流武藝，於廣州東校場舉辦了一次大型武術比賽，林世榮也報名參加了比賽。在比武場上，林世榮一連勝了數十人，最後奪得第一名。從此林世榮譽滿五羊城，好多人都前來找他學練武術。據後來林世榮弟子在書中記載，林世榮在廣州共開了三家武館。

當時有一個戲院的護衛嫉妒林世榮的聲望，想伺機偷襲林世榮。

一天，林世榮攜徒弟前往戲院看戲，不料一進門對方就對他們大打出手，林世榮急中生智，以石子擊落院內的大光燈，然後趁黑率徒弟突圍出去。後戲院主事藉此事出花紅懸賞捉拿林世榮，無奈林世榮只好遠走他鄉，後輾轉來到了香港。到香港後，林世榮依然設館授徒。直到清朝滅亡後，才得以返回家鄉平洲。

林世榮還是一位熱心公益事業，扶弱濟困的武林中人。1921年，他以60多歲高齡率徒表演武術，為廣州孤兒院籌款，受到中山先生的稱讚，孫中山先生以大總統的名義向他頒發了一枚銀質獎章。

晚年時林世榮在徒弟們的勸說下決心著書立說，編寫出版了《工字伏虎拳》《鐵線拳》和《虎鶴雙形拳》等武術套路書籍，並公開發行。此舉開了拳術套路寫作之先河，為廣東武術界之創舉，也是黃飛鴻的嫡傳弟子中成就最大的。

之所以稱為創舉，是因為當時武術界人士大多故步自封，不以技示人，他們三更起練，五更收場，就怕人家偷看；還有的師傅在傳授功夫時都要有所保留，只教六成，還要留四成，就怕徒弟全學了去。

幾百年來，廣東武術套路書籍更是鳳毛麟角，縱使有書，也被視為秘本不可外傳。林世榮卻與此相反，他編寫的套路全部公開，一點不剩，連其要點和對拆方法都寫了進去。另外，在編寫《虎鶴雙形拳》時，林世榮並不墨守成規，他吸取了洪（拳）、佛（拳）的精華，自成一體，拳法因而結構新穎，路線寬廣，動作輕快。

《虎鶴雙形拳》當時風行廣東全省，甚至遠傳南洋一帶和美國、加拿大等國，流傳至今，歷久不衰。新中國成立後，還被列為全國高等體育學院武術教材內容之一。

1943年，林世榮在故鄉平洲安然離世，享年82歲。

第二章

南拳精華功法

第一節　南拳紮馬功

南拳紮馬功是南拳的基礎功法，是練拳者的必修之功。紮馬功的功效在於身穩步實，便於發力，落步有根，身穩如山，擅攻擅守，穩紮穩打，突出了南拳的雙腳趾抓地、手從胸口發、力從腰馬生的特點。

紮馬是指南拳的步型練習，其中又以馬步為重，練習時分有定馬（靜止）練習和走馬（移動）練習兩種方法。

一、定馬練習法

1. 高位定馬

練習者兩腳併步自然站立，左腳向左側橫開步，上體正直，兩臂屈肘，兩手握拳抱於腰間，左右膝關節微曲，兩腿下蹲變成高位馬步，目視前方。（圖2–1、圖2–2）

2. 低位定馬

練習者兩腳橫開步，上體正直，兩臂屈肘，兩手握拳抱於腰間，左右膝關節彎屈90度左右，大腿面接近水平，

圖2-1

圖2-2

兩腿下蹲變成低位馬步，目視前方。（圖2-3）

圖2-3

【要點】周身鬆暢，呼吸自然，意念專注，馬步沉穩。定馬練習的身形要領是虛領頂勁、含胸拔背、夾臂沉肘、圓襠虛膝、鬆腳腕、含腳心等。此外，還要注意正容合齒，舌舐上齶。每次可練習15分鐘至30分鐘。

二、走馬練習法

練習者併步自然站立，上體正直，兩臂屈肘，兩手握拳抱於腰間；接著左腳經右腳前方向右側橫蓋步，隨之右腳向右側跨步，兩膝彎曲，兩腿下蹲變成馬步後稍停；接著右腳經左腳前方向左側橫蓋步，隨之左腳向左側跨步，兩膝彎曲，兩腿下蹲變成馬步後稍停；如此反覆進行走馬練習，目視前方。（圖2–4至圖2–8）

圖2–4

【要點】蓋步靈活，紮馬穩健，腰身緊束，呼吸自然；一腳橫蓋步，另一腳腳跟拔離地面。紮馬時雙腳腳趾抓地，每次練習次數50至100次。

圖2–5

圖2–6

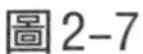
圖2-7

圖2-8

第二節　南拳鐵橋功

鐵橋功修煉旨在提高練習者橋手的攻擊力和抗擊力。南拳的橋手技術堪稱傳統武術技法中的另類，技術效果明顯，學練者應勤修苦練。

一、活橋練習

1. 雙搖橋練習

練習者兩腳併步站立，兩手自然下垂；左腳向左側開步站立，左右手臂屈肘上抬至體前，兩手自然握拳，以肘關節為軸由內向外呈圓形搖轉；亦可由外向內反方向搖轉，反覆進行搖橋練習。（圖2–9至圖2–12）

圖2-9

圖2-10

圖2-11

圖2-12

2. 雙繞橋練習

練習者兩腳開步，自然站立，左右手臂屈肘回抱至身體前方，兩手自然握拳，以肘關節為軸，右手在上，左手在下，兩橋圓形上下繞絞；亦可變換方向圓形上下繞絞，反覆進行繞橋練習。（圖2–13至圖2–15）

【要點】站步穩固，鬆肩活肘，搖橋、繞橋連貫。每次練習3組，每組20次。

圖2–13

圖2–14

圖2–15

二、硬橋練習

1. 裡截橋練習

練習者兩腿屈蹲成馬步，面對沙袋，左臂屈肘，左手握拳回抱於腰間，右臂屈肘，右手握拳由外向內橫向進行

圖2-16　　圖2-17

截橋練習；左右手可互換練習。目視橋手方。（圖2-16）

2. 外格橋練習

練習者兩腿屈蹲成馬步，面對沙袋，右臂屈肘，右手握拳回抱於腰間，左臂屈肘，左手握拳由內向外橫向進行格橋練習；左右手可互換練習；目視橋手方。（圖2-17）

3. 上架橋練習

練習者兩腿屈蹲成馬步，面對沙袋，左臂屈肘，左手握拳回抱於腰間，右臂屈肘，右手握拳由下向上進行架撐橋練習；左右手可互換練習；目視橋手方。（圖2-18）

4. 下沉橋練習

練習者兩腿屈蹲成馬步，面對沙袋，左臂屈肘，左手握拳回抱於腰間，右臂屈肘，右手握拳由體前向下進行下

圖2-18　　圖2-19

沉橋練習；左右手可互換練習；目視橋手方。（圖2-19）

5. 前撞橋練習

練習者兩手臂屈肘回盤於體前，兩橋同時向前進行撞橋練習；目視橋手方。（圖2-20）

6. 後夾橋練習

練習者上體貼近沙袋，右臂前伸隨之屈肘向後進行夾橋練習，左右手可互換練習；目視橋手方。（圖2-21）

【要點】紮馬沉穩，運橋剛猛，左右橋手對稱練習，發力極點以練習者能承受為宜。每次練習3組，每組50次。

三、對橋練習

1. 對纏橋

練習者雙方側位弓步相對站立，左手臂屈肘回收腰

圖2-20　　圖2-21

間，右手臂屈肘相交於體前，接著一方橋手逆時針立圓纏繞一周，另一方橋手黏橋隨動一周，如此反覆練習；亦可左右橋互換練習，目視橋手方。（圖2-22至圖2-25）

圖2-22

圖2-23

圖2-24

圖2-25

2. 對截橋

練習者雙方馬步相對站立，左手臂屈肘回收腰間，右手臂屈肘進行橫向裡截橋對擊練習；接著右手臂屈肘回收腰間，左手臂屈肘進行橫向裡截橋對擊練習；目視橋手方。（圖2–26、圖2–27）

圖2–26

圖2–27

3. 對格橋

練習者雙方馬步相對站立，左手臂屈肘回收腰間，右手臂屈肘進行橫向外格橋對擊練習；接著右手臂屈肘回收腰間，左手臂屈肘進行橫向外格橋對擊練習；目視橋手方。（圖2-28、圖2-29）

【要點】紮步沉穩，橋手準確、有力、連貫，對橋的用力程度由輕至重，意氣力相合。每次練習3組，每組50次。

圖2-28

圖2-29

第三節　南拳發聲功

武術歷來重視發聲訓練，以此激發人體的潛能，增加氣力，使周身力量最大限度地發揮出來，並作用於體外，達到以聲助威、以聲助勢、以聲助力的效果，從而實現無堅不摧、無強不勝的對戰勝境。

實戰搏擊中，猝然發聲還可壯己聲威。功深者發聲更可使對手聞之猝然而起驚恐之感，使其疏於防守，從而利於自己乘虛而入，重創對手。

發聲時，由於腹肌和膈肌都要強烈地收縮，可使胸、腹的內氣驟增，為附著在胸廓和骨盆的肌肉收縮提供了穩固的支撐條件，從而增大了肌肉的收縮效果。

發聲可使大腦皮質的興奮性迅速提高，在皮質中產生的興奮，能使其自我保護性的內抑制作用受到抑制，從而使神經肌細胞活躍起來，使潛力得到極大的挖掘和發揮，可使力量大增。

透過練習發聲功，可吸入氧氣，呼出濁氣，起到鍛鍊臟腑，調和氣血，育固元氣，促進新陳代謝的作用，從而使練習者達到神明體健的效果。

如猴拳的「噓」聲，蛇拳中的「吱」聲，鶴拳的「嘶」聲等，都是藉助發聲以加強拳勢的韻味，增強動作的象形性和力度。筆者家傳的兩翼拳也有「走」「招打」「看打」「嗚」「呀」「嘿」等發聲的講究。

發聲呼喝、吐氣發力也是南拳風格的一大表現特徵，

有助拳威、助發力、助形象（虎、鶴等）、助呼吸、助穩定、助體能等作用。

一、調息功

練習者兩腳開步，自然站立，兩手臂鬆沉於身體左右兩側，目視前方。（圖2-30）

【要點】正容束頸，含胸圓背，立腰實腹，斂臀鬆膝，雙腳踏實，內含腳心。以鼻腔緩慢深長吸氣；以口腔緩慢深長呼氣，意念專注於呼吸。每次練習12次。

二、練氣功

練習者兩腳開步，自然站立，兩手臂鬆沉於身體左右兩側，目視前方。（圖2-31）

圖2-30

圖2-31

【要點】正容束頸，含胸圓背，立腰實腹，斂臀鬆膝，雙腳踏實，腳心內含。以鼻腔短促向外噴氣，伴隨著發「哼」聲；以口腔短促向外噴氣，伴隨著發「哈」聲。每次練習12次。

三、發聲功

練習者兩腳開步，自然站立，兩手臂鬆沉於身體左右兩側，發聲時，兩臂由左右兩側至頭上方向腹前下按，雙掌心向下，目視前方。訓練發聲功時可發「嘻、喝、嗶、噫、咿、嗌」六音。（圖2-32至圖2-34）

【要點】正容束頸，含胸圓背，立腰實腹，斂臀鬆膝，雙腳踏實，內含腳心。發聲過程中，經過口腔發聲、

圖2-32

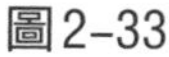

圖2-33

圖2-34

胸腔發聲和腹腔發聲的初、中、高級的過程，由淺入深，由低到高，每次練習時間以15～20分鐘為宜。

隨著練習週期的增加，功力的增長以及練習者身體適應能力的提高，可適當增加每次練習的次數和時間。

第三章

南拳套路展示

第一節　南拳套路名稱

第一段

預備勢

1. 開步雙插掌（雙龍入海）
2. 馬步沉橋（雁落平沙）
3. 馬步雙推爪（猛虎出林）
4. 馬步疊分爪（猛虎洗爪）
5. 弓步對爪（雙風貫耳）
6. 拉爪蹬腿（犬登天門）
7. 騎龍步劈肘（老婦壓筍）
8. 獨立抱爪（帶馬歸槽）
9. 騎龍步雙推爪（雙虎出山）
10. 蓋步抓爪（武王開疆）
11. 連環扒爪（雄虎扒沙）
12. 連環托爪（羅漢托天）
13. 開步推拉爪（開弓射雕）
14. 騎龍步衝拳（黑虎掏心）

15. 上步推掌（推山入海）
16. 上步旋風腳（蒼龍升天）
17. 跪步戳指（二龍取珠）
18. 撤步頂肘（夜郎撞門）
19. 轉身裡合腿（魁星踢斗）
20 .半馬步雙推爪（黑虎坐坡）

第二段

21. 蓋步截橋（鬼王撥扇）
22. 跪步架推掌（白虎亮爪）
23. 仆步雙拉爪（猛虎拖獸）
24. 獨立推爪（蒼龍獻爪）
25. 弓步疊推掌（蝴蝶雙飛）
26 .弓步架橋衝拳（袖裡衝錘）
27. 弓步掛蓋拳（五雷擊頂）
28. 蹲步撞拳（靈猴抱桃）
29. 獨立劈橋（單掌劈峰）
30. 裡外連環腿（白虎絞尾）
31. 蝶步雙拍掌（金磚砸地）
32. 上步絞爪（懷中取寶）
33. 連環劈橋（父子相隨）
34. 弓步托扣爪（迎門鐵閂）

第三段

35. 連環截橋（犀牛擺角）

36. 凌空雙推爪（金雕展翼）
37. 弓步壓推爪（猛虎探爪）
38. 馬步架推爪（羅漢撞鐘）
39. 騎龍步劈掌（劈山救母）
40. 纏腕踩腿（太祖登殿）
41. 騎龍步沉橋（鑿壁尋珠）
42. 連環標指（毒蛇吐信）
43. 倒身側滾翻（黑狗打滾）
44. 騎龍步撩托爪（仙人撩袍）

第四段

45. 上步雙衝拳（羅漢打樁）
46. 連環橫推掌（雙蠍穿心）
47. 插步反撩爪（海底撈月）
48. 連環擺爪（壁虎遊牆）
49. 馬步鞭拳（紅霞貫日）
50. 按爪頂膝（一鶴飛天）
51. 弓步格橋衝拳（文武分爭）
52. 虛步拉探爪（卞莊擒虎）
53. 馬步撞拳（朝天敬香）
54. 蹲步雙彈橋（肩挑日月）

收勢

第二節　南拳套路的基本動作

一、手型

手型主要包括拳、掌、指、爪和橋手等。

1.拳：五指捲屈緊握，拳面要平，拇指壓在食指和中指的第二指關節上，拳心向下稱為平拳，拳心向側稱為立拳。（圖3-1、圖3-2）

2.掌：拇指屈指內扣，其餘四指併攏伸直。（圖3-3）

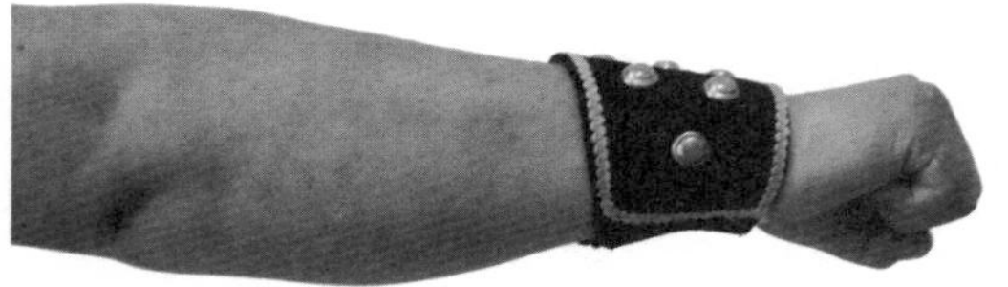

圖3-1

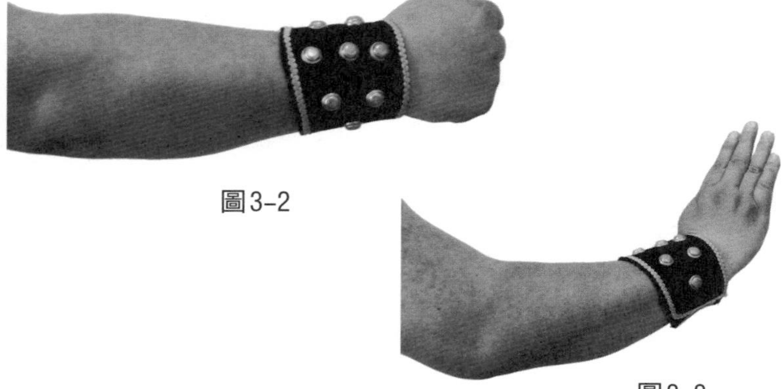

圖3-2

圖3-3

3.雙指：食指和中指伸直分開，其餘三指彎屈內扣於手掌心。（圖3–4、圖3–5）

4.虎爪：五指分開，第一、二節指關節彎屈成爪形，掌背後展，掌心凹陷。（圖3–6）

5.橋手：橋是指手臂腕關節至肘關節之間的小臂。南拳的橋又稱橋手，包括上橋和下橋，上橋為橈骨處，下橋為尺骨處。（圖3–7）

圖3–4

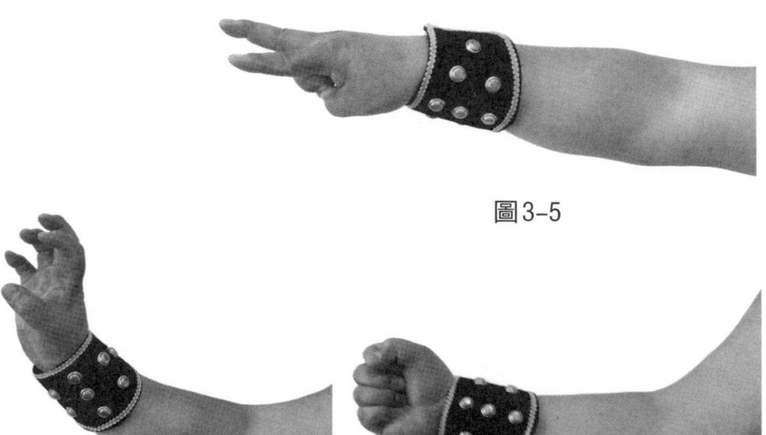

圖3–5

圖3–6

圖3–7

二、手法

南拳的手法分為直臂手法和曲臂手法兩種。主要包括拳法、掌法、指法、爪法和橋法。

（一）拳法

拳法主要包括衝拳、撞拳、蓋拳、拋拳、掛拳、鞭拳、插拳、架拳和劈拳等。

1.衝拳：握拳用力向前方或向側方衝出，高與肩平，目視衝拳的方向。（圖3–8）

2.撞拳：握拳由下向前方至上方勾撞，力達拳面，肘彎曲，目視撞拳的方向。（圖3–9）

圖3–8

圖3–9

3.蓋拳：握拳直臂由上方至下方蓋擺，拳心向下，力達拳面，目視蓋拳的方向。（圖3–10）

4.拋拳：握拳直臂由下方至上方拋擺，拳心向內，力達拳眼或拳面，目視拋拳的方向。（圖3–11）

5.掛拳：握拳由內經下方向同側方翻臂抄掛，力達拳背，目視掛拳的方向。（圖3–12）

圖3–10

圖3–11

圖3–12

6.鞭拳：握拳由體前向同側方直臂鞭甩，拳眼向上，力達拳背，目視鞭拳的方向。（圖3–13）

7.插拳：握拳由腰部向前方或向前下方立拳用力插出，力達拳面，目視插拳的方向。（圖3–14）

8.架拳：握拳屈臂向體前上方架出，力達拳輪，目視架拳的方向。（圖3–15）

圖3–13

圖3–14　　圖3–15

9. 劈拳：握拳由腰間經上方向斜下方直劈，力達拳輪。（圖3-16）

圖3-16

（二）掌法

掌法主要包括標掌、推掌、劈掌、挑掌、撥掌和插掌等。

1.標掌：單掌直線向前方標出，手臂與肩同高，力達掌指尖，目視標掌的方向。（圖3-17）

2.推掌：單掌用力向前方推擊，力達掌根，目視推掌的方向。（圖3-18）

圖3-17　圖3-18

3.劈掌：單掌由上方向下方劈擊，力達掌外側，目視劈掌的方向。（圖3-19）

4.挑掌：單掌由下方向上方弧形曲臂上挑，掌指與肩同高，目視挑掌的方向。（圖3-20）

圖3-19

圖3-20

5.撥掌：單掌由外向內橫撥，力達掌心，目視撥掌的方向。（圖3–21）

6.插掌：單掌立掌向斜下方用力插擊，力達掌指，目視插掌的方向。（圖3–22）

圖3–21

圖3–22

（三）指 法

指法主要有插雙指。

插雙指：一手變握成雙指，直腕由後方向前方插擊，力達指尖，目視插指的方向。（圖3–23）

圖3-23

圖3-24

（四）爪法

爪法主要有撩爪、拉爪、推爪、扒爪和絞爪等。

1.撩爪：一爪或兩爪由下方向上方擺臂托撩，力達爪心，目視撩爪的方向。（圖3-24）

2.拉爪：一爪或兩爪由前方向後方抓拉，力達爪指，目視拉爪的方向。（圖3-25）

圖3-25

3.推爪：一爪或兩爪由屈臂到直臂向前方推擊，力達爪根，目視推爪的方向。（圖3–26）

圖3–26

4.扒爪：一爪或兩爪由上方向下方擺臂扒抓，力達爪指，目視扒爪的方向。（圖3–27）

5.絞爪：一爪或兩爪屈肘弧形立圓絞繞，力達爪指，目視絞爪的方向。（圖3–28）

圖3–27

圖3–28

（五）橋法

橋有長橋、短橋之分。直臂為長橋；屈臂夾角小於135度，為短橋。橋法可攻可守，主要包括纏橋、沉橋、劈橋、滾橋、截橋、架橋、彈橋和格橋等。

1.纏橋：以腕部活動為主，前臂向內逆時針立圓纏繞，目視纏橋的方向。（圖3-29）

2.沉橋：由直臂屈肘下沉，前臂用力向下方壓沉，目視沉橋的方向。（圖3-30）

圖3-29　　圖3-.30

3.劈橋：手臂由上方至下方直線或斜線劈擊，目視劈橋的方向。（圖3-31）

4.滾橋：手臂微屈由外向內滾動挫出，目視滾橋的方

圖3-31

圖3-32

圖3-33

向。（圖3-32）

5.截橋：由外向內或由內向外橫截於體前，目視截橋的方向。（圖3-33）

6.架橋：手臂由下方向上方屈臂架於頭前上方，目視架橋的方向。（圖3–34）

7.彈橋：手臂由內向外橫向彈擊，目視彈橋的方向。（圖3–35）

8.格橋：手臂由內向外豎向格擊，目視格橋的方向。（圖3–36）

圖3–34

圖3–35

圖3–36

（六）肘法

肘法主要包括劈肘和頂肘等。

1.劈肘：手臂屈肘由上方向下方砸擊，力達肘尖，目視劈肘的方向。（圖3–37）

2.頂肘：手臂屈肘由內向外直線橫向頂擊，力達肘尖，目視頂肘的方向。（圖3–38）

圖3–37

圖3–38

三、步型

步型主要包括弓步、馬步、虛步、仆步、騎龍步、跪步、半馬步、獨立步、單蝶步和併步等。

1.弓步：兩腳前後開步，前腿屈膝半蹲，膝部與腳尖垂直；後腳蹬地，挺膝伸直，腳尖稍內扣，兩腳全腳掌著地，重心偏重於前腿。左腳在前為左弓步，右腳在前為右弓步。（圖3–39）

2.馬步：兩腳分開，距離寬與肩部，腳尖正對前方，屈膝半蹲，膝部與腳尖垂直，大腿面接近水平面，重心在兩腿之間；上身正直，收腹斂臀。（圖3–40）

3.虛步：兩腿前後分開，一腿屈膝半蹲，全腳掌著地支撐身體重心；另一腿微屈前伸，腳前掌虛點地面；收腹斂臀。左腳在前為左虛步，右腳在前為右虛步。（圖3–41）

圖3–39

4.仆步：一腿屈膝下蹲，另一腿直膝側展，腳尖內扣，雙腳踏地；重心側重於屈膝腿。左腳仆開為左仆步，右腳仆開為右仆步。（圖3–42）

圖3–40　　圖3–41

圖3–42

5.騎龍步：前腿屈膝半蹲，全腳掌著地；後腿屈膝，小腿接近水平，前腳掌著地，腳跟拔離地面；兩腳相距約本人腳長的三倍。左腳在前為左騎龍步，右腳在前為右騎龍步。（圖3–43）

6.跪步：兩腳前後分開，距離約兩腳長，前腿屈膝下蹲；後腿屈膝下跪，膝部接近地面，腳跟拔離地，臀部後坐。左腳在後為左跪步，右腳在後為右跪步。（圖3–44）

圖3–43

圖3–44

7. 半馬步：兩腳左右分開，距離寬與肩，屈膝半蹲，身體微向左轉，左腳腳尖向左，右腳腳尖向前，重心偏於右腿；左腳在前為左半馬步，右腳在前為右半馬步。（圖3–45）

8.獨立步：一腿站立支撐身體，另一腿屈膝提起，腳面繃直，腳尖朝下；收腹立腰。左腿站立為左獨立步，右腿站立為右獨立步。（圖3–46）

圖3–45

圖3–46

9.單蝶步：一腿屈膝下蹲，另一腿跪地，小腿內側貼地；收腹立腰。左腿跪地為左單蝶步，右腿跪地為右單蝶步。（圖3-47）

10.併步：兩腳併攏直膝站立。（圖3-48）

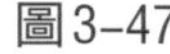

圖3-47

圖3-48

四、步法

步法包括上步、退步、拖步、蓋步、插步和跳步等。

1.上步：後腳向前邁一步。

2.退步：前腳向後退一步。

3.拖步：前腳向前跨一大步，後腳拖地跟一小步。

4.蓋步：一腳經另一腳前方橫跨一步，全腳掌著地，

腳尖外擺，兩腿呈交叉狀。

5.插步：一腳經另一腳後方橫邁一步，前腳掌著地，腳跟拔離地面，兩腿呈交叉狀。

6.跳步：兩腳同時離地向前方或向後方跳動一步。

五、腿 法

腿法包括蹬腿、踩腿、裡合腿和外擺腿等。

1.蹬腿：一腿支撐身體；另一腿屈膝上提，腳尖勾起，直膝向體前方蹬出，力達腳跟。（圖3–49）

2.踩腿：一腿支撐身體，另一腿屈膝上提，腳尖外展，向體前下方橫腳踩踏，力達腳底。（圖3–50）

圖3–49

圖3–50

3.裡合腿：一腿支撐身體，另一腿直膝由外向內弧形擺踢，力達腳底。（圖3-51）

4.外擺腿：一腿支撐身體，另一腿直膝由內向外弧形擺踢，力達腳外側。（圖3-52）

圖3-51

圖3-52

第三節　南拳套路動作說明

第一段

預備勢

兩腳併步站立，身體自然挺立，兩手臂自然微屈，肘下垂至身體兩側，兩手變掌，目視前方。（圖3–53）

【要點】挺胸收腹，斂臀沉肩，兩腿內側併攏。

圖3–53

1. 開步雙插掌（雙龍入海）

左右手臂同時屈肘上提至腰間，接著左腳向左側開步，同時雙掌向體前下方穿插，左掌在上，右掌在下，兩掌心向下，身體微前傾；隨之雙掌變拳，雙臂屈肘提高至腰間，頭向左轉，目視左方。〔圖3–54至圖3–56（側面）〕

【要點】開步、插掌協調一致，插掌時手臂伸展，力達手指；抱拳轉頭快速，乾脆，雙眼有神。

2. 馬步沉橋（雁落平沙）

雙拳由下向上直臂上拋，接著雙腿蹲成馬步，同時雙手臂屈肘向下沉橋，目隨視拳方。（圖3–57、圖3–58）

圖3–54

圖3–55

正面

側面

圖3-56

圖3-57

圖3-58

【要點】拋拳同動一致，立身展背發力，力達拳面；沉橋紮馬，快速有力，力達橋手。

3. 馬步雙推爪（猛虎出林）

圖3-59

雙拳變爪直臂向體前推擊，同時開口發「哈」聲，目視前方。（圖3-59）

【要點】推爪有力，脫肩團胛，力達雙爪，發聲渾厚，氣由丹田發出。發聲吐氣助力、助勢、助威，突出了南拳的顯著特點。

4. 馬步疊分爪（猛虎洗爪）

雙手臂屈肘於體前回抱，雙爪交叉，左爪在內，右爪在外；接著雙爪同時左右分開，目視右爪方。（圖3-60、圖3-61）

【要點】合抱爪快速，分爪連貫，合胸開臂發力，力達雙爪。

5. 弓步對爪（雙風貫耳）

左腳向前上步成左弓步，同時雙爪直臂由外向內對擊於體前，爪心相向，目視前方。（圖3-62）

圖3-60

圖3-61

圖3-62

【要點】上步對爪，快合一體，鬆肩擺臂發力，力達雙爪。

6. 拉爪蹬腿（犬登天門）

左臂屈肘，右臂直肘，兩爪回拉於體右側，同時右腳蹬地屈膝向體前發高蹬腿，同時發「噫」聲，目視右腿方。〔圖3-63、圖3-63（側面圖）〕

【要點】雙爪後拉與向前蹬腳形成爭力，蹬地擰腰發力，力達腳跟，發聲助力。

正面

側面

圖3-63

7. 騎龍步劈肘（老婦壓筍）

右腳向後落步，左腳向前上步成騎龍步，同時右手臂屈肘，右爪變拳由後向前劈肘，左爪變掌扶擊於右小臂處，目視肘方。（圖3-64）

【要點】移步快速、敏捷，蹬地擰腰，俯身發力，力達右肘。

圖3-64

8. 獨立抱爪（帶馬歸槽）

右腳向右前方上步，同時雙手變成掌於體前上下合抱，左手在上，右手在下；接著左腿屈膝上提成獨立步，同時左右手變爪，立圓互換屈肘回抱於體右側，目轉視左方。（圖3-65、圖3-66）

【要點】變步連貫，獨立步穩健，雙手回抱活肘、扣指，力達虎爪。

圖3-65

圖3-66

9. 騎龍步雙推爪（雙虎出山）

身體左轉，左腳下落成騎龍步，雙爪向體前推出，雙肘微屈，目視前方。（圖3-67）

【要點】屈膝沉臀，扣趾碾腳，轉腰發力，力達雙爪。

圖3-67

10. 蓋步抓爪（武王開疆）

右腿屈膝向前蓋步，左腳腳掌蹬地，同時雙手臂由前向後立圓擺臂抓爪至體後，左手臂屈肘，右手臂伸展，同時目隨視右爪方。（圖3–68）

【要點】蓋步沉身，轉腰、擺臂發力，力達爪指。

圖3–68

11. 連環扒爪（雄虎扒沙）

雙腿蹬擰地面，身體向左後方轉，同時雙手臂隨擺於體側，左臂在前，右臂在後；隨之右爪由後向體前扒抓，左爪屈臂回收於體側；呈上，左右腳依次向後退步，同時左右爪依次向體前扒抓，另一爪隨擺於體側，目視抓爪方。（圖3–69至圖3–72）

圖3-69

圖3-70

圖3-71

圖3-72

【要點】退步連貫，抓爪迅猛有力，後退步成一條直線，連環抓爪立圓擺臂，步到爪到。

12. 連環托爪（羅漢托天）

雙腳蹬碾地面，身體向右後方轉擰，雙爪由體左側托擺，左爪直肘至頭前方，右爪屈肘至頭側方；接著左腳蹬地向前上步，右腳腳跟拔離地面，同時雙爪由體右側托擺，右爪直肘至頭前方，左爪屈肘至頭側方，目視前爪方。（圖3–73、圖3–74）

【要點】左右托擺爪以腰為軸，連動緊密，蹬地轉肩用力，力達雙爪。

圖3–73

圖3–74

13. 開步推拉爪（開弓射雕）

雙腿蹬擰，身體向右轉成開立步，同時右爪向內旋，腕屈肘後拉於頭右側，左爪直臂向體側推擊，目視左爪方。（圖3–75）

【要點】蹬地轉腰，展腹發力，力達雙爪，左右手臂與肩同高。

圖3–75

14. 騎龍步衝拳（黑虎掏心）

雙腳蹬碾地面，身體向左轉變成騎龍步，右爪變拳向體前直臂打出，左爪變掌回護於右臂內側處，目視右拳方。（圖3–76）

【要點】屈膝沉胯，蹬地、擰腰發力，力達拳面。

15. 上步推掌（推山入海）

右腳向前上步，左腳腳掌蹬地，右臂屈肘後拉，同時左掌向體前推擊，目視掌方。（圖3–77）

【要點】上步、推掌一致，轉腰、送肩發力，力達掌根。移步要有前衝之勁，以助掌力。

圖3–76

圖3–77

16. 上步旋風腳（蒼龍升天）

左右腳依次向前上步成開立步；接著雙腳蹬地，左腿屈膝上提，身體騰空，右腿橫擺裡踢，身體左轉一周，同

時左掌在空中迎拍右腳掌，右手臂隨動體側，目視右腳方。（圖3–78至圖3–80）

【要點】上步快速、連貫，蹬地脆爆、有力，騰空高飄，擊拍準確、響亮。

17. 跪步戳指（二龍取珠）

雙腳落地成右跪步，左手臂屈肘握拳下壓於右臂下，右手變雙指直臂向前戳擊，同時發「哇」聲，目視指方。〔圖3–81（側面）、圖3–81（正面）〕

【要點】蹲步急速，戳指快猛，力達雙指。左臂下壓與右指前戳形成十字勁力。

圖3–78

圖3–79

圖3-80

側面

正面

圖3-81

18. 撤步頂肘（夜郎撞門）

兩腳蹬地，身體稍上起並向右轉，左腳向後撤步，右臂屈肘向體後頂出，同時左拳變掌扶貼於右拳面上向後助推，目視右肘方。〔圖3–82（背面）、圖3–82（正面）〕

【要點】撤步、頂肘配合協調，擰腰擺臂發力，力達肘尖，左右手臂形成合勁頂出。

背面

正面

圖3–82

19. 轉身裡合腿（魁星踢斗）

雙腳蹬地，身體起立並左轉，右手臂屈肘抱拳於腰間；同時右腿直膝由外向內弧形踢擊裡合腿，且用左掌於

圖3-83

圖3-84

體前迎拍右腳底，目視右腿方。（圖3-83、圖3-84）

【要點】轉身快速，踢腿有力，拍擊準確、響亮。

20. 半馬步雙推爪（黑虎坐坡）

右腳下落後震腳，左腳掌點地，同時雙手變爪回抱於胸前；接著左腳向前上步成半馬步，雙爪左右推出，身體稍左轉，目視左前方。〔圖3-85至圖3-86（正面）〕

【要點】震腳有力，蹲步沉穩，轉腰推爪，力達雙爪。

圖3-85

正面

背面

圖3-86

第二段

21. 蓋步截橋（鬼王撥扇）

左腳向右側橫蓋步，右腳掌蹬地，同時右臂屈肘橫截橋於體前，左臂隨擺體後；接著右腳向左前方橫蓋步，左腳掌蹬地，左臂屈肘橫截橋於體前，右臂向右下方截橋，目視右橋方。（圖3-87、圖3-88）

【要點】左右蓋步連環、沉穩，擰腰裹肩，轉胯截橋，力達橋手。

圖3-87

圖3-88

22. 跪步架推掌（白虎亮爪）

左腳蹬地向前上步，身體左轉，同時右爪由後向前撩托，左臂屈肘回護於體前；接著身體下蹲成跪步，右爪向上翻架於頭頂上方，左爪直臂向前推出，目視左爪方。（圖3–89、圖3–90）

【要點】跪步敏捷，架推掌同動，力由腰發，力達雙爪。

圖3–89

圖3–90

23. 仆步雙拉爪（猛虎拖獸）

雙腳蹬地，身體上起，右虎爪由上向前擺出，同時左爪屈肘回收於胸前；接著重心後移，右腿屈蹲變成左仆步，同時左爪向前探出，然後隨右爪一起向下回拉於體前下方，目視爪方。（圖3-91、圖3-92）

【要點】雙爪配合一致，屈膝沉臀發力，力達雙爪。

圖3-91

圖3-92

24. 獨立推爪（蒼龍獻爪）

右腳蹬地，右腿直立，左腿屈膝上提成獨立步，同時上體稍前傾，左爪下壓於腹前，右爪直臂向體前推出，目視右爪方。〔圖3–93（左側面）、圖3–93（右側）〕

【要點】蹬地快猛，左爪前壓與右爪前推形成十字勁力，轉腰發力，力達爪根。

左側面

右側面

圖3–93

25. 弓步疊推掌（蝴蝶雙飛）

左腳下落步，右腳橫蓋於左腳前，同時雙爪變掌屈肘回護於體側，左掌在上，右掌在下，兩掌掌根相對；接著左腳向左側上步成左弓步，身體隨之左轉，雙掌向體前推出；呈上，雙腳蹬地，身體向右後方轉180度，左腳向右腳前橫蓋步，同時兩掌屈肘回護於體側，右掌在上，左掌在下，兩掌掌根相對；接著右腳向右側上步成右弓步，身體隨之右轉，雙掌向體前推出，目視掌方。〔圖3–94（正面）至圖3–97〕

【要點】一腳橫蓋步，另一腳腳跟拔離地面，左右疊掌連貫，推擊有力、快猛，蹬地轉腰，抻肘發力，力達雙掌。

正面

側面

圖3–94

圖3-95

圖3-96

圖3-97

26. 弓步架橋衝拳（袖裡衝錘）

上體稍左轉，左腳向前上步成左弓步，同時雙掌變拳，左臂屈肘上架橋手於頭上方，右拳直臂向體前打出；接著，身體稍右轉，右腳向前上步成右弓步，同時右臂屈肘上架橋手於頭上方，左拳直臂向體前打出，目視拳方。〔圖3-98至圖3-99（正面）〕

【要點】左右變向快速，連環衝拳緊密，架橋有力。

圖3-98

正面　　側面

圖3-99

27. 弓步掛蓋拳（五雷擊頂）

左腳向前上一步，身體隨之右轉，左臂由前向下擺至體前，右臂隨動於體右側；接著身體向左擰轉成左弓步，同時左拳直臂下掛，右拳直臂下蓋，目視右拳方。（圖3-100至圖3-102）

【要點】蹬地擰腰，活肩擺臂發力，力達拳背、拳心，兩臂掛蓋成立圓，一氣呵成。

圖3-100

圖3-101

圖3-102

28. 蹲步撞拳（靈猴抱桃）

雙腳蹬地，身體向右擰轉成右弓步，右拳直臂擺掛於體前，左臂隨動於體後；接著身體向左回轉，右腳收於左腳內側下震後成蹲步，同時右臂屈肘於體前撞拳，左拳變掌扶擊於右小臂的內側，目視拳方。（圖3-103、圖3-104）

【要點】震腳有力，蹲步、撞拳相合一體，轉腰抛臂，力達拳面。

29. 獨立劈橋（單掌劈峰）

右腳蹬地，右腿直膝站立，左腿屈膝上提成獨立步，同時右拳屈肘回收於腰間，左手臂向體前劈橋，目視前方。（圖3-105）

圖3-103

圖3-104

圖3-105

【要點】右腳蹬地扣趾穩健，轉腰揮臂發力，力達橋手，左肘微屈，左腳尖扣趾護襠。

30. 裡外連環腿（白虎絞尾）

左腳下落至體前，右腿直膝向裡擺踢；隨之右腳下落，左腿直膝外擺，雙手臂隨動於體側，身體同時向左擰轉360度，目視腿方。（圖3–106、圖3–107）

【要點】蹬擰腳、轉腰擺腿協調一致，裡踢、外擺一氣呵成，不可脫節，力達腳底及腳外側。

圖3–106

圖3–107

31. 蝶步雙拍掌（金磚砸地）

左腳落步，身體下蹲，右腿屈膝，腿內側著地成蝶步，上體前俯，同時雙手變掌由上向下疊掌拍擊地面，左掌在上，右掌在下，抬頭目視前方。〔圖3-108（右側面）、圖3-108（左側面）〕

【要點】蹲身蝶步敏捷，折腰俯身，揮臂發力，力達雙掌。

右側面

左側面

圖3-108

32. 上步絞爪（懷中取寶）

兩腳蹬地，身體上起，雙手變虎爪，左爪在上，右爪在下，向體左側擺動；接著右、左腳依次上步，右、左爪依次上下體前立圓絞繞，目視前方。（圖3-109至圖3-111）

【要點】雙爪絞繞立圓連貫，爪心由內向外，上步要與爪法配合，蹬地轉腰發力，力達雙爪。

圖3-109

圖3-110

圖3-111

33. 連環劈橋（父子相隨）

雙腳蹬地，身體向右轉踶180度，雙爪變拳，同時左臂屈肘，左手握拳回收於腰間，右臂由左向右劈橋，高與頭位，接著雙腳蹬地，右腳尖外展，左腳跟拔離地面，右臂屈肘，右手握拳回收於腰間，左臂由上向下劈橋，高與肩平，目視橋手。（圖3-112、圖3-113）

【要點】轉身碾腳快速，連環劈橋有力，擰腰脫胛發力。

圖3-112　　圖3-113

34. 弓步托扣爪（迎門鐵門）

左腳蹬地向前上步成左弓步，雙拳變爪，左臂屈肘，

左爪上托於體前，同時右臂屈肘，右爪下扣於體前，目視右爪方。（圖3–114）

【要點】上步托扣爪合動一致，雙爪上下形成合勁，力達雙爪。

圖3–114

第三段

35. 連環截橋（犀牛擺角）

右腳向左腳前蓋步，同時雙爪變拳，右臂屈肘回抱於腰間，左臂屈肘向外截橋；接著左、右腳依次向前蓋步，右、左橋依次向裡截橋，另一拳回收於腰間，目視前方。（圖3–115至圖3–117）

【要點】連環蓋步沉穩，左、右橋手連貫，擰腰轉胯發力，力達橋手。

圖3-115

圖3-116

圖3-117

36. 凌空雙推爪（金雕展翼）

側面

雙腳蹬地，身體向右上方騰空，兩腿屈膝上提，同時左右雙爪向體兩側推擊，目視前方。〔圖3–118（側面）、圖3–118（正面）〕

【要點】雙腳蹬地發力脆爆，騰身高飄，展臂推爪，力達雙爪。

正面

圖3–118

37. 弓步壓推爪（猛虎探爪）

雙腳落地，左腳向前跨一步成左弓步，左臂屈肘，左爪下按於腹前，右爪直臂向前推擊，目視右爪方。（圖3-119）

【要點】蹬地轉腰發力，力達雙爪，左爪下按與右爪前推形成十字勁力。

38. 馬步架推爪（羅漢撞鐘）

兩腳蹬地，身體向右轉擰成馬步，右臂屈肘向頭上方架橋，左臂直肘向體左側推爪，目視左爪方。（圖3-120）

【要點】擰腰轉胯發力，立腰沉肩，雙手配合一致。

圖3-119

39. 騎龍步劈掌（劈山救母）

右腳蹬地，腳跟上提，同時身體向左轉擰成騎龍步，雙爪變掌，左臂屈肘擺掌於胸前，回護於右大臂內側處，右掌由上向下至體前直臂劈出，高與肩平，目視右掌方。（圖3-121）

【要點】碾腳轉胯，沉身、揮臂發力，力達右掌。

圖3-120

圖3-121

40. 纏腕踩腿（太祖登殿）

圖3-122

右手以腕關節為軸，由內向外順時針纏腕握拳後拉於身體右側，同時左掌隨扶於右腕處，左腳蹬地，右腳向體前橫腳踩踢，目視右腿方。（圖3-122）

【要點】纏腕、抓拳靈敏快速，支撐腿微屈膝，右腿直膝、送胯發力，力達腳底。

41. 騎龍步沉橋（鑿壁尋珠）

右腳後撤步，腳掌蹬地成高位騎龍步，同時右臂屈肘向體前沉橋，左掌變拳屈肘回收於腰間，目視前方。（圖3-123）

【要點】右腳後撤與右橋手下沉同動一致，上體稍前傾，以助橋力。

42. 連環標指（毒蛇吐信）

雙拳變掌，右腳、左腳依次向體前上步，同時左、右標指依次向前標出，另一標指屈肘回收腰間，此動作重複兩次，目視標指方。（圖3-124、圖3-125）

【要點】上步沉身快穩，標指連環一體，步到手到，意到力到，力達指端。

圖3-123

圖3-124

圖3-125

43. 倒身側滾翻（黑狗打滾）

右腳向前橫腳上步，屈膝下蹲，雙手撐地，身體向側倒地立圓翻滾一周。（圖3–126至圖3–128）

【要點】屈膝團身，含胸滾背，翻滾快速圓潤。

圖3–126

圖3–127

圖3–128

44. 騎龍步撩托爪（仙人撩袍）

雙手推地，身體站立，左腳向左側跨步成騎龍步，雙手變爪由體右側向體左側弧形撩托，左爪撩於頭側，右爪撩於體前；接著兩腳蹬地向右轉碾成騎步，雙爪由體左側向體右側弧形撩托，右爪撩於頭側，左爪撩於體前，目視爪方。（圖3-129、圖3-130）

【要點】轉腰帶臂發力，力達雙爪，碾腳變步連貫、沉穩。

圖3-129

圖3-130

第四段

45. 上步雙衝拳（羅漢打樁）

左腳向體右前方上步成高位斜馬步，雙爪變拳直臂向體前下方打出，雙臂與肩同寬，身體稍向前傾，目視拳方。（圖3–131）

【要點】衝拳、上步同一合整，脫肩團胛，弓背發力，力達拳面。雙拳齊打，要體現出整勁。

圖3–131

46. 連環橫推掌（雙蠍穿心）

右腳蹬地向前上步，腳掌點落在左腳內側，同時雙拳變掌向內旋腕圈橋；接著右腳向右前方上步成斜馬步，同時雙掌橫推於體前，寬於肩位，呈上，左腳向右腳跟步，雙手臂屈肘回收腰間，右腳向前上步再次蹲變成斜馬步，雙掌再次橫推於體前，目視前方。〔圖3–132（側面）至圖3–135（正面）〕

【要點】移步連環，清晰敏捷，以步催身，以身催臂，力達雙掌。圈橋柔順、舒暢，圈橋、推掌不可脫節。

側面

正面

圖3-132

圖3-133

圖3-134

圖3–135

47. 插步反撩爪（海底撈月）

左腳向體左前方上步，右手變爪由下向上撩托於體前，左掌扶按於右臂內側；接著身體向左轉擰，右腳向前上步，左腳隨之後插步，同時右爪於體前翻爪橫擺並向後撩出，且左掌回護於體前，目視爪方。（圖3–136、圖3–137）

【要點】步法移動靈活，右爪上下翻變疾速、有力，擰腰俯身發力，力達右爪。

48. 連環擺爪（壁虎遊牆）

雙腳蹬地，身體向左後方擰轉，雙手呈爪形隨擺於體左側，左臂伸展，右臂彎曲；接著右腳向前上步，腳尖稍

外撇，雙爪隨之由左向右橫擺於體右側，右臂伸展，左臂彎曲，目隨視爪方。（圖3-138、圖3-139）

圖3-136

圖3-137

圖3-138

圖3-139

49. 馬步鞭拳（紅霞貫日）

左腳蹬地向左側上步成側馬步，同時雙爪變拳，右臂屈肘回抱於腰間，左臂直肘弧形橫向鞭打於體左側，高與肩，目視左拳方。（圖3-140）

【要點】左拳鞭打與左腳上步協調一致，沉身轉腰，甩臂發力，力達拳背。

50. 按爪頂膝（一鶴飛天）

雙腳蹬地，身體向左擰轉，右腿屈膝上頂，同時雙拳變爪由體前向體兩側後方拉抻爪，目視前方。（圖3-141）

【要點】左腳蹬地，右膝上提，以腰為軸發力，力達膝部。雙爪下拉，身體稍後仰，與頂膝形成爭力。

圖3-140　　圖3-141

51. 弓步格橋衝拳（文武分爭）

右腳下落蓋步於左腳前，身體左轉，同時右爪變拳回收於腰間，左爪變掌屈肘回收於體前；接著左腳向左側上步成左弓步，同時左臂屈肘握拳格橋，右臂直肘向前衝拳；呈上，雙腳蹬地，身體向右後轉，右臂向外屈肘橫擺，左拳隨回收於腰間；接著左腿蹬直成右弓步，右臂屈肘握拳格橋，同時左臂伸展直肘向前衝拳，目視拳方。（圖3-142至圖3-145）

【要點】雙腳蹬碾地面有力，左右變步快速沉穩，格橋、衝拳攻防一體，力達拳面與橋手。

圖3-142

圖3-143

圖3-144

圖3-145

52. 虛步拉探爪（卞莊擒虎）

圖3-146

身體向左轉，左腳掌虛點於體前成虛步，同時雙手變爪由右側向左側拉探爪，左手下拉於體左側，右手前探於體前，左右手臂稍彎曲，上體稍前傾，目視右爪方。（圖3-146）

【要點】左腳掌點地，腳跟拔離地面，與雙爪下拉、前探配合協調一致，雙爪內含拉抻之勁，俯身轉腰發力，力達雙爪。

圖3-147

圖3-148

53. 馬步撞拳（朝天敬香）

圖3-149

左腳側開步，身體上起，右爪向右側立圓擺絞；然後左爪向左側立圓擺絞，同時另一手臂隨擺體側；接著雙腿屈膝下蹲，右爪變拳屈肘向體前撞拳，左爪變掌屈肘下按於右臂內側，目視前方。（圖3-147至圖3-149）

【要點】活肩擺臂，立圓絞爪連貫，蹲身沉穩，撞拳有力，力達拳面。

54. 蹲步雙彈橋（肩挑日月）

雙腳蹬地小跳落在襠下，蹲步震腳，同時雙手臂微屈肘，握拳向體兩側彈橋，目視右方。（圖3-150）

【要點】震腳響亮，左、右手彈橋一致有力，立腰斂臀，沉氣發力，力達橋手。

圖3-150

收勢

雙腳蹬地，直膝站立，雙臂直肘於體前下方衝拳；接著以肘關節為軸向上翻肘雙掛拳；然後左右手臂屈肘回收腰間，目視左方；雙拳變掌下落於身體兩側，目視前方。（圖3-151至圖3-154）

圖3-151

圖3-152

圖3-153

圖3-154

【要點】衝拳、掛拳、抱拳手法三變，緊密相連，快脆有力，抱拳轉頭要有神氣，落手還原，氣息自然，意念退出拳境，身體放鬆。

抱拳禮。（圖3-155）

圖3-155

第四章
南拳技擊解招

第一節 南拳搏擊制勝秘訣

一、把握節奏

高水準的搏擊，誰控制了相搏的節奏，誰就佔據了主動權。節奏把握的好壞直接關係到技術的發揮。無節奏、無目的地亂打亂拼，不僅無謂地消耗體力，也必然會暴露自己的空檔，給對手以可乘之機。

實戰相搏中，要仔細觀察對方步法、拳法的特點，把握其變化規律，以便在其節奏轉換的瞬間，果斷地施以技術動作。佯攻是把握節奏的方法之一，其直接目的是引出對方的自然節奏，並使其對我方做出錯誤的判斷。

搏擊中的節奏是指動作的快慢、長短、疾緩等。搏擊節奏應當處在不斷的變化中，如果只保持一種節奏，是很容易被對手適應並抓住戰機的。實戰中，選手通常在短時間內都保持一種節奏，以麻痹對手，然後突然改變節奏，給對手一個措手不及的打擊。

搏擊中節奏感的培養，速度快和慢的應用起著決定性的作用。一是以迅雷不及掩耳之勢攻擊對方，使之手忙腳

亂，手足無措；二是在快速的閃展騰挪中可以有效地保護自己免受打擊；三是隨時轉換勁力，增強技擊的滲透力與應變力。

二、動作準確

所謂的準確度，不僅是指擊中對方的身體，而且還應進一步擊中對方的某一部位。如何做到準確呢？

1. 可使用傳統的木人樁進行準確度的訓練。訓練時，在木人樁上標出大小穴位等，進行靜態的準確度的訓練。

2. 隊友之間可互相幫助，以拳靶等為器具，進行動態的準確度的訓練。

3. 在平時的實戰模擬訓練中，直接做準確度的訓練，每天都要訓練，並持之以恆。

三、技術正確

搏擊中完成動作的技術要正確，這一點至關重要，並涉及每一次的練習。

規範所有的練習動作，保證正確、高品質地完成動作，這對專項技術的掌握和改進起著非常關鍵的作用。

四、尋找時機

時機，即時間與機會的結合。在搏擊中，時機可以被理解為能讓選手發揮某種或某些技術的時間差。比賽與實戰中這種時間差是轉瞬即逝的，需要選手準確地判斷與及時地把握，這裡所說的搏擊中的時機，主要是指出手的時機，包括進攻與反擊的時機。

第一，**出手時機的判斷**。人體做出的任何動作，都是由大腦隨意識支配肌肉收縮而實現的。肌肉的收縮活動是收縮與舒張交替進行的，沒有舒張，下一次的收縮就不能實現，即前一次收縮和後一次收縮之間一定要有一個舒張過程。肌肉舒張時，肌力下降、肌肉鬆弛，這時肢體的動作或整體的移動都要有一個間隔時間。一般講，整體性移動到下一次整體移動之間至少需要0.2秒左右。如果兩次移動之間附加一個判斷，也就是說由視覺、聽覺等器官把感覺到的信號傳送到大腦，經大腦的判斷後再完成肌肉收縮，即便是最優秀的運動員也需要0.2～0.3秒。

第二，**出手時機的節奏**。節奏是指兩次出手之間的間隔時間。出手的節奏要遵循發力點正好落在對方肌肉舒張階段這一原則。有時我們可以看到，有的運動員單個動作速度並不一定有多快，但由於出手的時機掌握得好，所以總是能準確地擊中對方。俗話說「快打慢」，道理就在於此。總是讓自己出手的節奏比對方快一拍，正好落在對方肌肉的舒張階段。

五、保持平衡

所謂平衡，是指物體保持某一狀態的相對靜止。搏擊中所要求的平衡，是在運動中隨時能保持平衡，即搏擊選手要具備隨時控制身體平衡的動態平衡能力。

如果沒有動態平衡能力，就會在做動作的過程中失去對身體的控制。搏擊時，重心的位置、身體的姿態要根據對手和自己的情況而定。例如，出拳發肘時，重心在前腿或兩腿之間；踢腳頂膝時，重心在支撐腿上。在攻擊對手時，切勿將重心過分前移，以避免擊空而使自身失衡。

六、步法相宜

武術先賢馬鳳圖說過：「攻守之勝，全在進進、退退、閃轉騰挪之間。」這句話主要是講步法在搏擊實戰中的特殊意義，是說如何運用靈活多變、富有技巧的步法來掌握搏擊中的主動，以求取勝算。

功夫巨星李小龍也說過：「搏鬥是移動的藝術」。

明朝抗倭名將戚繼光也有「腳法輕固，進退得宜」之說。「腳法輕固，進退得宜」，是戚繼光提出的幾個著名的武學原則中的一個。戚繼光認為步法最重要的原則是「輕固」兩個字，「輕」指敏捷，「固」指穩定。「輕」是運行速度，「固」是穩定而不飄浮。而「進退得宜」，是強調技術操作的靈活性，強調因勢而發，隨其所宜。

七、膽力狠辣

所謂的「一膽二力」，在這裡可以歸結為一個「狠」字。如何達到「狠」呢？

第一，訓練時，要大量地進行專項的力量及勁法訓練，如推拉力、絞壓力、旋轉力、分合力等。

第二，相信自己一定能戰勝對手，從潛意識深處要樹立「狹路相逢勇者勝」的大無畏心態和逢戰必勝的信念，要有「捨得一身剮，敢把皇帝拉下馬」的決心和勇氣。

第三，進行特殊的意念訓練。在腦中模擬實戰情景，臆想自己與虎、狼、龍、蛇展開殊死搏鬥，並攝取日、月、山、水的非凡氣勢，以達到一往無前的境界。內家絕手十八綱中的膽綱說：「習武要有殺人心，膽壯心狠能勝人。發時不怕頭落地，死裡求生肝膽真。」這足以說明膽量的重要。

打狠主要是以功力傷對手的要害部位或穴位。拳語講：「上打咽喉下打陰，左右兩肋奔中心。頭取眉間耳兩邊，天靈蓋下一命休。」因此，與對手相搏從來都是快打慢、狠打善、長打短、硬打軟。

八、戰術靈活

對付高個子的對手時，戰術策略是儘量與其縮短距離，以貼身近戰為主，扼制對手在距離上的優勢，以對手下盤為主要進攻目標。對付矮個子的對手時，多採用連續的直線型手法和腿法，並使對手不能接近自己。當對手已經衝過來攻擊時，應「有力當頭上，無力閃兩旁」，或向後移動步法，使對手不能接近，這也是傳統武術的技擊精髓。

對付長於主動、連續攻擊的對手時，要注意與對手保持一定的距離，同時要積極移動，變換位置，擾亂對手的注意力。反擊時，要善於抓住對手「舊力已過，新力未發」的時機給予重擊，以「佯攻巧取」的戰術欺騙、引誘對手為主，這樣既可以彌補我速度上的劣勢，又可順利實現真實的攻擊。

對付長於防守和反擊的對手時，可採用「佯攻巧打」

「引蛇出洞」和「強攻硬取」的戰術。進攻時，可以積極利用假動作指上打下，指東打西，使對手真假難辨，首尾難顧，被動挨打。也可以故意露出破綻，待引出對手的防守反擊動作時，便可迅速攻擊。

對付動作單調、慣用某一「絕招」的對手時，可採用「引蛇出洞」的戰術折其鋒芒，絕其威勢，以取得搏擊的主動權。

對付缺乏搏鬥經驗的對手時，其不成章法的亂拳有時會令你防不勝防，「亂拳打死老師傅」的情況也時有發生。對付這種對手，可採用以防守反擊為主的戰術。

九、詭道謀略

拳諺云：「從來拳勢通兵法，不識兵法莫演拳。」搏擊不僅需要強壯的體魄、高超的技術、穩定的心理素質，還需要拳手有冷靜、靈活、機智的頭腦，並能有效地去組合運用這些因素來制約、戰勝對手。詭詐手段的實施，就是充分發揮自己的技術、體能、心理等因素的綜合功能，以各種欺詐、偽裝、隱蔽等配套結合的手段，掩蓋自己的真實情況和意圖，造成對手判斷上的失誤，陷入我方所設的圈套，為我所制。

《六韜・兵道》中說：詭道就是「外亂而內整，視饑而實飽，內精而外純。一和一離，一聚一散，陰與謀，密與壘，伏與銳，士寂若無聲，敵不知我所備。欲其西，襲其東」。

孫子所講的「能而示之不能，用而示之不用」、「卑

而驕之」等都屬於此類。「我示之以弱，以驕縱其志，泄其勁，使其懈怠失備，我則由弱轉強」。正是孫子的「近而示之遠，遠而示之近」的謀略。

在《交手要訣》中說：「凡與人交手要善用誆騙。如我欲打其上，先向下以取之。彼防其下，我則轉而向上。欲取其左，先向右以誘之，使彼防右，我則轉而向左。」「凡與人交手要善賣破綻，誘之使入，我可乘間取之，使其不可及防」。孫子說「利而誘之，以利動之，以卒待之」也同出此意。

孫子的「強而避之」「實而備之」的謀略，《交手要訣》在談到此戰法時說：「凡與人交手，不可專持勇力。」

孫子在《軍事篇》中說：「朝氣銳、晝氣惰、暮氣歸，故善用兵者，避其銳氣，擊其惰歸。」《交手要訣》中說：「凡與人交手不可枉費力氣。如彼來勢兇猛，我只可坦然承接。彼氣竭，我力方盈，以盈敵竭未有不勝。」

在搏擊中因人、因時、因勢靈活地運用謀略，以取得事半功倍的效果，這正是中國傳統武術謀略追求的精髓所在。

第二節　南拳實戰技法解析

解析1

實戰時，對方快發右彈腿踢擊我的襠部要害，我右腳後撤，用兩手臂十字交叉向下推攔對手的小腿脛骨處，破其腿攻，目視手方。（圖4-1）

圖4-1

【要點】撤步後閃身疾速，兩手十字下叉有力準確，蹬地俯身，抻臂發力，力達掌外沿。兩掌反擊對手小腿脛骨時，能使對手產生劇痛，可有效地瓦解其戰鬥力。

解析2

實戰時，對手突然從我體後用雙臂鎖頸法攻擊我；我隨即低頷梗頸，沉臀轉身，猛發左後頂肘攻擊對手的心窩要害，對其造成重創。（圖4-2、圖4-3）

【要點】沉臀擰腰，力達肘尖。藉招變勢突然，呼氣發力。

解析3

實戰時，對手搶步進身用雙衝拳攻打我的胸部；我隨即用雙手拋拳由下向上破化對手的來拳進攻，目視拳方。

（圖4-4、圖4-5）

【要點】雙腳蹬地，立腰展背發力，力達觸點。

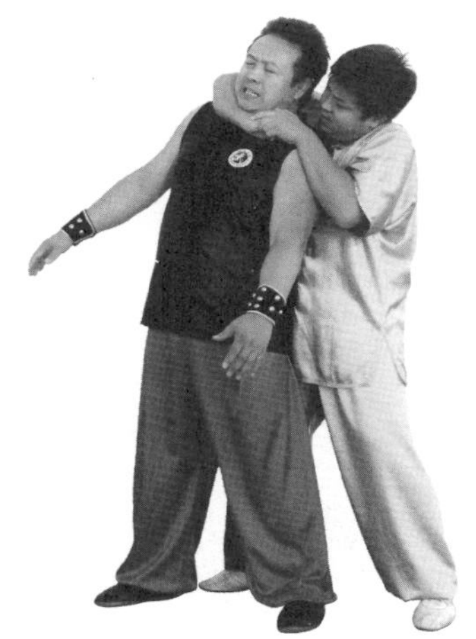

圖4-2

圖4-3

圖4-4

圖4-5

解析4

實戰時，對手疾起左鞭腿掃踢我的腰腹，我應勢變招，身體右轉，雙腿屈蹲，用雙臂沉橋破解對手的進攻，目視橋方。（圖4–6）

【要點】蹲身沉橋，準確有力；橋手肌肉緊縮，沉身屈臂發力，力達橋手。此招是以硬破硬之法。

圖4–6

解析5

實戰時，對手進身發右推爪進攻我的胸部；我沉身轉腰，用左右手虎爪錯擊對手的小臂，左爪橫推其肘關節，右爪鎖扣其腕關節，目視爪方。（圖4–7、圖4–8）

【要點】蹬地轉腰，含胸發力，力達雙爪。此招的反

擊時機要得當，在對手抓粘我胸衣的瞬間發力，左、右爪形成十字錯勁。

圖4-7

圖4-8

圖4-9

解析6

圖4-10

實戰時，對手突然上左步發左、右貫拳雙打我的頭部，我開步沉身，用雙爪由內向外叼抓其來拳小臂；接著我快上右步，雙手旋腕抓擰對手的左、右手腕並上托，反控、制服對手，目視手方。（圖4-9、圖4-10）

【要點】接拿對手的手臂要準確、及時，旋腕、抓擰有力，上步、托腕一氣呵成。

解析7

實戰時，對手搶先進身用雙手拉抱我的雙肩；接著突發右膝撞擊我的胸腹部時，我轉腰俯身，沉臂發雙沉橋阻擊對手的進攻，目視橋方。（圖4–11、圖4–12）

【要點】轉身沉橋兇狠、有力，夾肘滾臂發力，力達橋手，且發「嘿」聲以助力。

圖4–11

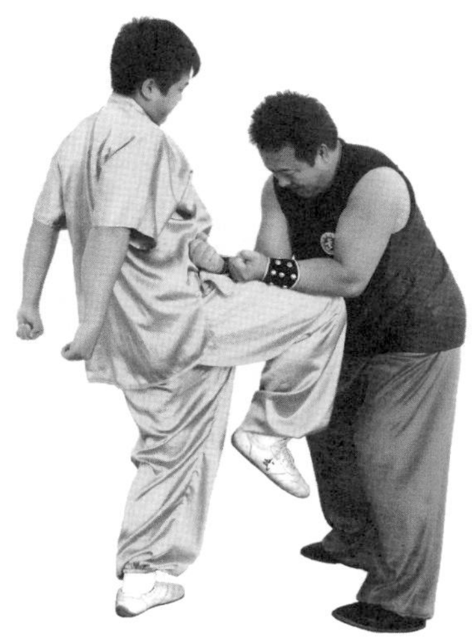

圖4–12

解析8

圖4–13

實戰時，對手突然發右直拳擊打我的胸部，我隨即用雙手合抱來拳手腕，向後拉，同時發後站位右蹬腿向上蹬踢對手的下頜要害，目視腿方。（圖4–13）

【要點】雙手抓拉來拳腕部，意在他先，右蹬腳直膝轉胯，力達腳底，雙手拉腕與蹬腳形成前後爭力。此招的要旨在於抓腕時要先偏離自己的身體中心線，以防對手擊中自己。

解析9

實戰時，對手快上左步，發右勾拳抄打我的心腹部，我隨即應招，用左臂壓橋破解對手的進攻，同時發右臂劈肘攻擊對手頭部，造成重創，目視肘方。（圖4–14）

【要點】左右手臂技法配合協調一致，擰腰轉胯，疊臂發力，力達肘尖。

解析10

實戰時，對手突然起右蹬腿踢擊我的腹部，我快撤左

圖4–14

步，雙手向外抱摔對手的右腳，將其摔倒在地，目視對手。（圖4–15、圖4–16）

圖4–15

圖4-16

【要點】左掌在上，右掌在下，合抱來腿準確有力，撤步轉腰，擰臂發力，力達雙手。

解析11

圖4-17

實戰時，我突然上左步發雙推爪猛推對手的胸部，使其失去進攻能力，造成重創，目視爪方。（圖4-17）

【要點】後腳蹬和前腳踏要使兩腳二力相合，將力

量傳於背、達於臂、止於手，勁力節節貫達，意、氣、力相合一體。左腳進步要踩踏對手的中線，以體現出「腳踏中門人難防」的技擊效果。

解析 12

實戰時，對手上右步發左衝拳擊打我的面部，我隨用左爪向下扒抓其手臂；接著對手上左步連發右直拳擊打我的頭部，我右腳快退，連發右爪扒抓來拳手臂，破解其進攻；接著右腳上步，右爪回拉，左手扒抓對手的面部，造成重創，目視對手。（圖4-18至圖4-20）

【要點】扒爪防守準確，移步靈活，蹬地轉腰，探臂發力，力達左爪。

圖4-18

圖4-19

圖4-20

解析 13

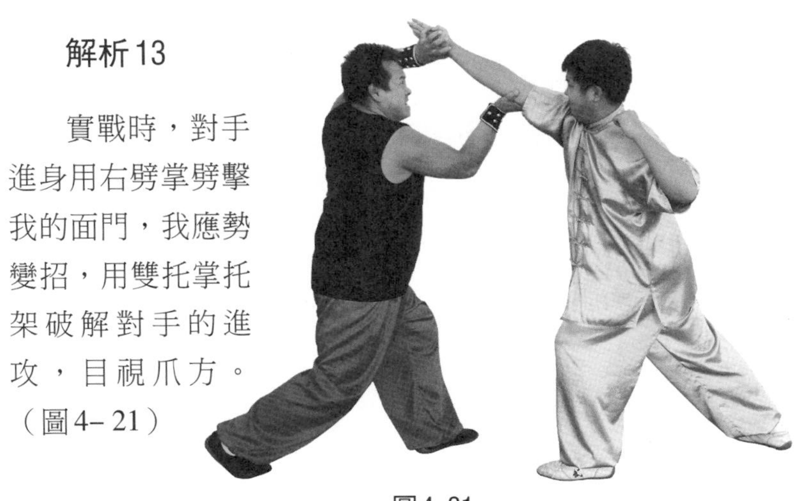

實戰時，對手進身用右劈掌劈擊我的面門，我應勢變招，用雙托掌托架破解對手的進攻，目視爪方。（圖4-21）

圖4-21

【要點】左右爪上托協調一致，蹬地轉腰，擺臂發力，力達雙掌。雙托掌由下向上要護著自己的身體中心線。

解析 14

實戰時，對手左轉身用高踹腿踢擊我的頭部，我向右擰身轉腰閃頭，同時用雙爪由下向上撩托對手來腿，目視爪方。（圖4-22）

【要點】雙爪撩托要接位準確，碾腳轉腰，力達雙爪。此動作內含向上托拋的勁力，可將對手向後摔跌在地。

解析 15

實戰時，對手快發右直拳擊打我的頭部，我用右手弧形向外叼抓來拳手腕；接著身體右轉快發左爪推擊對手的耳門；呈上，身體向左擰轉，雙腳蹲變成騎龍步，右手成

圖4-22

爪猛力推擊對手的心窩要害，造成重創，目視爪方。（圖4-23至圖4-25）

圖4-23

【要點】左右推爪上下變換明顯，以腰發力，力達雙爪，使對手防不勝防。

圖4-24

圖4-25

解析16

實戰時，對手突然發高位右鞭腿踢擊我的頭部，我移步進身用左臂滾橋破解對手的進攻，右臂屈收回收體側，目視橋方。（圖4–26）

【要點】移步進身破壞對手的正常發力點，滾橋時手臂旋擰，肌肉緊張，體現出南拳鐵橋硬拳的技術風格。

圖4–26

解析17

實戰時，對手上左腳發右擺拳攻擊我的頭部，我屈膝蹲身成跪步閃化對手來拳，同時發左臂穿指穿擊對手的襠腹要害；隨著對手後移身位，我雙腳蹬地，身體凌空，連發右旋風腿狠踢其頭部，目視對手。（圖4–27、圖4–28）

【要點】蹲身敏捷，蹬地快猛，上下連打，緊密相連，不可脫節，力達指端及腳底。

圖4-27

圖4-28

解析 18

圖 4–29

實戰時，對手快速貼身用左右手擒控我的右臂腕、肘處，我順勢向左轉腰連發左肘頂擊對手的胸肋處，重創對手，目視肘方。（圖 4–29）

【要點】對手擒控我手臂時，我不可反力硬頂，要順勢轉腰發肘擊，變被動為主動，體現出傳統武術借力打力、借力生力的技擊魅力。

解析 19

實戰時，對手突然轉身發右後蹬腿踢擊我的頭部，我上體後閃，同時快發右裡合腿橫踢對手來腿，破化其進攻，目視腿方。（圖 4–30）

【要點】擰腳擺胯發力，力達右腿。此招是以腿破腿，以橫破直的典型技法。

解析 20

實戰時，對手轉身用左鞭拳抽擊我的頭部，我隨用左臂架橋防阻對手的拳攻；隨之左手翻腕叼抓來拳手腕，身

圖4–30

體左轉，右腳上步蹲變成馬步，用右爪狠擊其後腰要害處，重創對手，目視爪方。（圖4–31、圖4–32）

圖4–31

圖4-32

【要點】架橋滾臂有力，抓腕、推擊協調合一，紮馬轉腰發力，力達雙爪。

解析21

實戰時，對手快起中位左鞭腿踢擊我的側肋，我右腳橫蓋步，身體向左閃，同時用右截橋破解其腿攻，左臂隨之擺至體側，目視橋手方。（圖4-33）

【要點】蓋步、截橋同動一致，轉腰揮臂發力，力達橋手。

解析22

實戰時，對手突然上步發右直拳擊打我的胸部，我屈身蝶步，用右爪架抓來拳手腕，同時左爪直臂推擊對手的

腰肋部，重創對手，目視爪方。（圖4-34）

【要點】蹲身疾速，架推爪有力，雙爪形成前後爭力，力達雙爪。

圖4-33

圖4-34

解析23

實戰時，對手突然發左彈腿踢擊我的前腿，我順勢後坐身，蹲變成高位仆步閃化對手的腿攻，同時用雙爪向下扒抓來腿，目視爪方。（圖4-35）

【要點】屈膝沉臀，俯身發力，力達雙爪。閃身後坐與雙爪下扒形成雙重防守，使對手的腿攻失效。

圖4-35

解析24

實戰時，對手進身用雙推掌推擊我的胸部；我快速應變，用左右手抓握其手腕，同時雙腳蹬地，身體向左猛轉身，雙手臂擰拉其手腕，將對手摔倒在地，目視對手。（圖4-36至圖4-38）

【要點】抓腕牢固，蹬地擰腰發力，雙手擰腕、拉臂的用力軌跡在身體前應成一條下弧線。

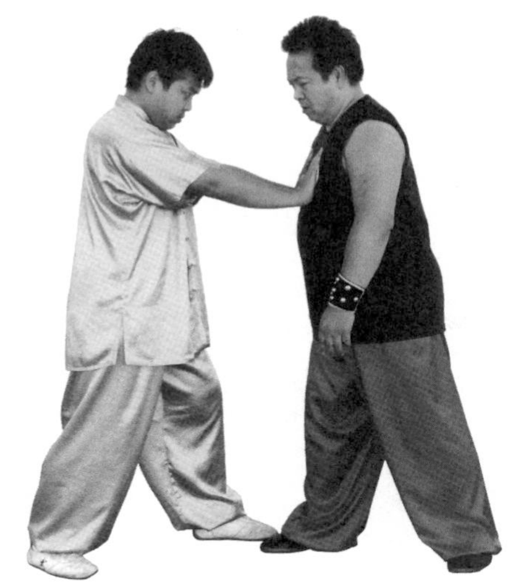

圖4-36

圖4-37

圖4-38

解析25

圖4-39

實戰時，對手突然發右直拳攻打我的面部，我疾速向體左側蓋右步閃化，同時用左掌橫撥對手來拳；接著左腳上步成弓步，雙手成蝶掌猛力推擊對手的側肋，重創對手，目視掌方。（圖4-39、圖4-40）

【要點】蓋步側閃快速，雙掌疊推同時用力，蹬地轉腰，抻臂發力，力達雙掌。

圖4-40

解析26

圖4-41

實戰時，對手上步用左劈拳砸擊我的頭部，我左腳後撤步，雙腿屈蹲成弓步，右臂屈肘向上架橋破防對手來拳，同時左拳直臂衝打對手的胸部，目視左拳方。（圖4-41）

【要點】架橋、衝拳齊動一致，蹬腳擰腰發力，力達觸點。

解析 27

實戰時，我突然上步用左掛拳攻擊對手的頭部，對手隨即用雙臂上架破化；接著我雙腳蹬碾變成弓步，身體左轉，連發右蓋拳蓋擊對手的頭頸處，左臂隨擺體側，目視右拳方。（圖4-42、圖4-43）

【要點】掛拳、蓋拳兇猛連動，蹬地擰腰，揮臂發力，力達雙拳。

解析 28

實戰時，我突然上左步用左手抓拉對手的頭髮，對手用雙手合壓反折我的腕關節；我快動右腳向前上步變成蹲

圖4-42

圖4-43

步，同時發右撞拳猛打對手的心窩要害，左手隨下拉，目視右拳方。（圖4-44、圖4-45）

圖4-44

圖4-45

【要點】蹲步、發拳齊動，左手隨對方折腕下拉，與右拳發力形成合力，發拳時要抓住對手的胸腹空檔來進攻。

解析29

實戰時，對手進身猛發右劈掌劈擊我的鼻梁，我快用右手纏橋破化來拳；隨之用右手抓拉對手的右手腕；接著連發左膝狠撞對手的腋窩要害，同時左掌切掌擊打其咽喉要害，目視左掌方。（圖4-46至圖4-48）

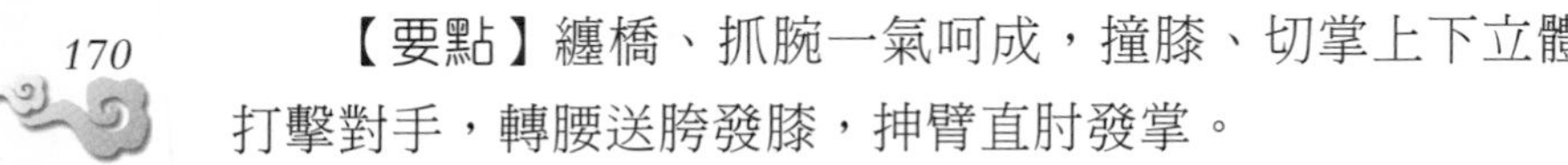

【要點】纏橋、抓腕一氣呵成，撞膝、切掌上下立體打擊對手，轉腰送胯發膝，抻臂直肘發掌。

圖4-46

圖4-47

圖4–48

解析30

實戰時，我突然用右裡合腿踢擊對手的頭部，對手側閃身化解；接著我右腳落地，身體左轉，連發左外擺腿狠踢對手的背部，重創對手，同時雙手隨擺體側，目視腿方。（圖4–49、圖4–50）

【要點】此招屬於奇招、冷招，使用恰當極易克敵。左右腿連環踢擊緊湊，快速有力，正如拳語所講「腿踢連環人難防」。

解析31

實戰時，對手進身用左右掌貫打我的耳門，我用雙格橋破化其進攻；接著身體下蹲，右腿由內向外纏掛、鎖別

圖4-49

圖4-50

對手的前支撐腿，同時用右肩猛撞對手的腹部，左手抓握對手的右手臂，右手掏抱對手的左大腿後側，將其靠打倒地，目視對手。（圖4-51、圖4-52）

圖4-51

圖4-52

【要點】橋手堅硬有力，蹲身疾速，纏抱腿牢固，肩撞要有抖勁。

解析32

實戰時，對手突然起右蹬腿踢擊我的胸腹部，我隨即變招，身體向右轉閃，左爪由下向上抄抱來腿；對手隨即屈膝

回抽腿，接著我進步，左爪上掛對手的膝窩，右爪扣推對手的面部將對手打翻在地，目視對手。（圖4–53、圖4–54）

【要點】防腿準確，反擊連貫，左右爪形成上下合力，突出打擊效果。

圖4–53

圖4–54

解析33

實戰時，我快速移步進身連發右、左連環劈拳打擊對手的頭部，對手隨即向左、右側閃身破化我的進攻；接著我補發右劈橋狠砸對手的鼻梁、面門，重創對手，目視右橋方。（圖4-55至圖4-57）

圖4-55

圖4-56

圖4-57

【要點】搶攻要突然，劈橋要連貫，擰腰、揮臂發力，力達觸點。當一手臂進攻時，另一手臂要回護體前，起到防身的作用。

解析34

實戰時，對手突然起左外擺腿踢擊我頭部，我右腳前蓋步，疾發左橋手格阻對手的腿攻，目視左橋方。（圖4-58）

【要點】蓋步向前旨在破壞對手正常的進攻距離，弱化對手腿攻的攻擊力，沉身擰腰格橋，突出以硬抗硬的南拳風格。

圖4-58

解析35

實戰時，對手快速進步連發右、左連環直拳猛打我的頭部，我隨即變用右、左截橋破化對手的進攻；隨之對手蹲身連用右前掃腿攻踢我的支撐腿，我雙腳蹬地，屈膝展臂，身體騰空，破化對手的進攻，目視對手。（圖4-59至圖4-61）

【要點】截橋防守及時、準確，凌空騰身高飄。連環有效的防守使對手的進攻失效，促使對手的自信心受挫，在心理上干擾了對手，使其對自身的能力產生懷疑。

圖4-59

圖4-60

圖4-61

解析36

實戰時，對手上左步發左標指戳擊我的雙眼，我應招用右爪上托對手的手臂破化其進攻；接著左腳向後插步，上體前俯，右爪翻腕向上撩打對手的襠部，重創對手，目視右爪方。（圖4-62、圖4-63）

【要點】右爪上托下撩連貫，變手快猛、準確，插步俯身發力，力達右爪。

圖4-62

圖4-63

解析 37

實戰時，我進步用雙爪由左向右橫掃雙爪，攻擊對手的頭部，對手潛身閃躲防化我的進攻；接著我快上左步，由右向左橫掃雙爪，攻擊對手的後腦及後腰處，重創對手，目視爪方。（圖4–64、圖4–65）

【要點】移步掃爪協調，蹬地轉腰發力，力達雙爪。搶攻要突然，一招走空，再續一招，要窮追猛打，不給對手以喘息之機。

解析 38

實戰時，對手左腳插步，用右手反撩掌打擊我的襠部要害，我隨即身體重心前移成弓步，左爪下按破化來掌，

圖4–64

圖4-65

右爪向前推擊對手的後背，將其摔倒在地，目視右爪方。（圖4-66）

【要點】左、右爪攻防一體，轉腰抻臂發力，力達雙爪。

圖4-66

圖4-67

解析39

實戰時，我快發右插掌攻擊對手的面部，對手兩手合抱掌破化我的掌攻；接著我雙手扣握對手的右手及小臂，同時用右下踩腿狠踢對手的膝、脛處；然後右腳後撤步，發右砸拳向下砸擊對手的後腦，重創對手，目視右拳方。（圖4-67至圖4-69）

【要點】三招變換連貫，發力爆脆，意念兇狠，一招重似一招，層層遞進，一鼓作氣，將對手徹底打敗，完勝對手。

解析40

實戰時，我突發右標指攻擊對手的面部，對手隨用左

圖4-68

圖4-69

圖4-70

架橋向上破化；接著我快上右步連發左標指穿擊對手的咽喉要害，重創對手，目視左指方。（圖4-70、圖4-71）

【要點】上步標指有力、一致，要做到「身如弓，手似箭」，從腰間發力，力達掌指。此招比較毒辣，常常能一招制敵，運用時應慎重。

圖4-71

解析41

實戰時，對手突然發右直拳搶打我的面部，我急用左手由

圖4–72

內向外抓叼來拳腕部，破化其進攻，對手隨旋腕且向後撤步逃脫；接著我身體左轉，蹲身倒地側滾翻並快起左腿，用左腳外側擺踢對手的胸腹部，重創對手，目視左腿方。（圖4–72、圖4–73）

圖4–73

【要點】倒身、側滾、擺踢要藉對手後撤逃脫之機乘勝追擊，團身滾背圓潤，推地擺腿有力，力達左腳外側。

解析42

實戰時，對手突然發右翻背拳砸擊我的面部，我隨即身體向右轉，左腳後撤成騎龍步，雙爪向上抓托對手來拳及手臂，右爪抓腕，左爪托肘，破化來招，目視對手。（圖4–74）

【要點】抓托爪貼面而起，右爪擰壓，左爪上托，兩爪形成剪刀之力，重創對手的肘關節。

圖4–74

解析43

實戰時，我突然發右摔掌由上向下攻擊對手的面部，對手隨即用雙疊掌阻擊我的進攻；接著我雙腳跟進步，兩手變拳且兩手手背相對，由上向下衝擊對手的左、右大腿的根部，將其打倒在地，目視拳方。（圖4–75、圖4–76）

圖4-75

圖4-76

【要點】上、下身法變換明顯，跟進步及雙衝拳要有整勁，蹬地俯身，擰臂發力，力達拳面。發此招時，雙拳如同鑽頭一樣要有旋擰勁。

解析 44

實戰時，對手上步用雙衝拳攻打我的腹部，我隨即身體後坐，兩掌向下分掛來拳破化對手的進攻；接著兩腳跟進步且左右掌同時擊打對手的兩側腰肋，將其打倒，目視對手。（圖4–77至圖4–79）

【要點】蹬腳移步發掌，意氣力相合，上盤、中盤、下盤三盤勁力合一，要藉對手後撤之際出招，形成己與彼合一的局面，從而達到最佳的技擊效果。

圖4–77

圖4-78

圖4-79

解析45

圖4-80

實戰時，對手突然用左掌插指抓我的頭髮要施行打技；我左腳側跨應變，用右手扣壓對手的左手，同時身體屈蹲成馬步，發右鞭拳狠擊對手的後背，重創對手，目視拳方。（圖4-80、圖4-81）

【要點】右手緊扣來掌，防止其逃脫，落步沉身，轉腰發力，力達拳背。此招是典型的固打技法，即將對手控制住再施行打擊，令其受創。

圖4-81

圖4-82

解析46

實戰時，我快發左衝拳攻打對手，對手隨即用右托掌向上托住我的左拳破化；接著我左腳向前墊步，左拳變掌下壓其手臂，同時右臂纏抱對手的頭部，狠發右膝猛撞對手的胸肋要害，重創對手。（圖4-82、圖4-83）

圖4-83

【要點】墊步進身敏捷，雙手牢固摟控對手，發膝有力，力達右膝。

解析47

實戰時，對手進身發右盤肘攻擊我的頭部，我右腳後撤成弓步，同時左臂屈肘成橋手阻截對手的肘攻，且右拳直臂衝擊對手的胸部，目視右拳方。（圖4-84）

【要點】防打結合，臂硬拳重，力由腰發，力達觸點。

圖4-84

解析48

實戰時，對手起右中位鞭腿掃踢我的側肋，我隨即雙腳後移步閃化，同時用雙爪向下拍抓對手來腿，破化進攻；接著右腳向體前快速上步，右臂屈肘用攻橋將對手撞翻在地，左手扶推於右小臂內側，以助力，目視對手。（圖4-85、圖4-86）

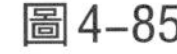
圖4-85

圖4-86

【要點】向後、向前移步靈活，蹬地轉腰，屈肘攻橋形成整勁，攻橋力達小臂外側。

解析 49

實戰時，對手進身用左右擺拳連環擊打我的頭部，我隨即用右、左手臂由內向外擺臂抓爪破化來拳；接著右腳上步，身體蹲變成馬步，快發右撞拳打擊對手的心窩要害，重創對手，目視右拳方。（圖4–87至圖4–89）

【要點】左、右手臂抓爪於體前立圓擺繞，力達雙爪；左爪抓握手臂不可脫手，進步蹲身快捷，發拳要有寸勁。

圖4–87

圖4-88

圖4-89

圖4-90

解析50

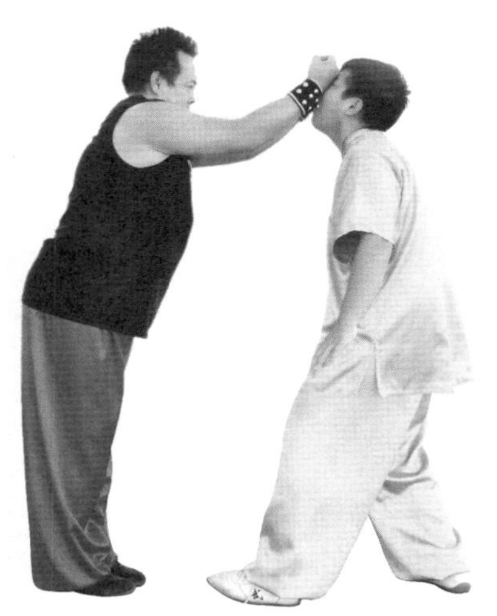

圖4-91

實戰時，我快發雙衝拳打擊對手的胸部，對手隨之用雙按掌向下破化我的進攻；接著我右腳向前上步成併步，同時雙手臂以肘關節為軸，由內向外至上翻打、掛擊對手的面門，使其受到重創，目視拳方。（圖4-90、圖4-91）

【要點】雙肘翻繞要藉對手的下壓之力，併步掛打連貫快速，蹬地俯身，抖臂發力，力達拳背。

第五章

南拳學練指點

第一節 「冬練三九，夏練三伏」的講究

健康是生命的舞蹈。健康的目的，不僅僅是為了工作，為了長壽，還應包括為了更好地提升自己的人文素養和生活境界。健康是終極目標，追求健康就是追求生命之美，追求生活之美。

人是精神和肉體統一的整體，僅僅依靠外在的鍛鍊，是很難做到身心康健的。武術便是奉獻給人們最好的運動項目，它可使人們身心愉悅，內外兼修。在生活中長期堅持武術鍛鍊，不僅對身體健康幫助非常大，而且還有「自己不受罪，家人少受累，少花醫藥費」的好處。而中國武術的最終目的就是把人的心、身之能提高到極限。

武術鍛鍊也要有科學性，否則很難達到身心愉悅、內外兼修的健身效果。因此，武術諺語所講的「冬練三九，夏練三伏」也是有講究的。

一、「冬練三九」需注意

利用嚴寒鍛鍊意志，增加身體的禦寒能力和適應力。如果方法不當，則會為嚴寒所傷。從自然氣候及其對人體

的影響來看，冬季寒冷，人體肌肉的黏滯性增高，伸展性降低，毛孔閉合，末梢毛細血管開放較少，所以，「冬練三九」一定要講究方法。

1. 運動前後的保暖

冬季鍛鍊時一定要做好全身肌肉的保暖措施，即使是出汗後衣服也不宜脫得過多過快。冬日運動衣著，既要保暖防凍，又要考慮到舒適，有利於鍛鍊。晨起室外氣溫低，宜多穿衣，待做些預備活動，身體暖和後，脫掉厚重的衣褲再進行鍛鍊。鍛鍊後要及時加穿衣服，注意保溫，避免寒邪入侵。

棉質內衣被汗浸濕後乾得慢，尤其在冬季穿得較多的情況下汗漬更難揮發，從而增加黴菌感染的風險。因此，運動時最好選擇吸濕排汗功能更好的竹纖維內衣。此外，運動時內衣不能太緊，最好選擇邊緣較為寬鬆的短褲。

2. 運動前熱身

冬日鍛鍊前，一定要充分地做好準備活動。準備活動可採用慢跑、擦面及拍打全身肌肉等，以提高中樞神經系統的興奮性和反應能力。待身體各部位的肌肉、韌帶、關節都能充分活動，內臟功能也隨之得到充分動員後，再進行武術的鍛鍊內容。

運動量應由小到大，逐漸增加，尤其是武術體能練習項目——跑步，不宜驟然間劇烈長跑，必須有一段時間的小跑，活動肢體和關節，待機體適應後再加大運動量。透

過鍛鍊，感到全身有勁，輕鬆舒暢，精神旺盛，體力和腦力功能增強，食慾、睡眠良好，說明這段時間的運動是恰當的。倘若感到身體軟弱無力、提不起精神、疲乏不堪、食慾減退、睡眠差、厭惡鍛鍊、就要注意及時調整運動量。

運動休息後再次投入運動時也要注意熱身，使肢體的局部溫度與人體中心的溫度基本保持一致，避免寒冷刺激使肌肉血液循環減慢，使已放鬆的肌肉群逐漸進入應激狀態，適應繼續運動的需要。

3. 遠離強風霧霾

《黃帝內經》上說，冬季3個月，宜早睡晚起，「必待日光」，所以鍛鍊時間最好在日出後。在氣溫太低的環境下運動，不僅達不到鍛鍊效果，而且品質會大打折扣，還有可能出現意外受傷的情況。因此假如氣溫在零下10℃的時候，最好不要去室外運動，應改在室內鍛鍊更合適。

此外，當天氣驟變，遇到大風天、大雪天或霧霾天氣時要特別注意，不要和強風霧霾較勁，應儘量選擇一些耗氧量較低、強度較小、肺通氣增加不明顯的武術運動項目，如一些強調基礎性、柔韌性和靈敏性等方面的內容，避免由於呼吸頻率加快、呼吸深度加深等原因，加大可吸入顆粒物對機體的危害程度。而且在霧霾嚴重時，室內室外的空氣污染指數差距較小，即便在室內，劇烈運動同樣會給人體帶來很大危害，使呼吸道黏膜受到損傷，從而降低遮罩和防禦作用，致使一些細菌、病毒等致病微生物乘虛侵入體內，產生肺部疾患。

所以，一旦霧霾指數達到橙色預警，應儘量選擇一些相對靜態的武術內容來進行鍛鍊或暫時停止鍛鍊。

4. 適當加大運動量

人體處在嚴寒之中時，基礎代謝率會增加 10%～20%。因此，即使加大運動量，其所產熱量也主要用於禦寒，難以達到健身效果。因此，可適當加大運動量。

5. 合理安排鍛鍊內容

冬季鍛鍊應主要著眼於提高基本技術和體能，為來年春天全面發展技術做準備。鍛鍊內容可多安排一些發展體能的武術功法，以及現代發展身體素質的一些適宜手段；其次要以基本技術為主要鍛鍊內容，技術難度大、技術過於複雜的動作應少做一些。

6. 慎重選擇運動項目

健身鍛鍊一定要量力而行，不逞強、不激進。一定要清楚地瞭解自己的身體狀況，選擇最適合自己的項目，練到身體最舒適而不是最勞累時就好，因為這才是對身體最好的鍛鍊和保護。可根據自己的喜好參加各類武術拳種的培訓班，也可由專業的武術老師指導選擇適合自身的武術拳種。這樣既可以快速地增長技能又可以有效地強身健體、睿智怡情、完善人格。

而青少年在選擇項目時，剛開始時應選擇運動強度不大、對抗性不強的武術項目進行練習和鍛鍊。

二、「夏練三伏」需注意

1. 正確選擇運動場地和時間

由於夏季陽光中的紫外線特別強烈，如果選擇在室外運動的話，人體皮膚長時間受到照射，有可能發生不同程度灼傷。此外，紫外線還可以透過皮膚、骨頭，輻射到腦膜、視網膜，使大腦和眼球受到損傷。因此，為了避免強烈陽光對皮膚和身體的損傷，夏季鍛鍊時，最好選擇在陰涼處運動，運動時間最好安排在清晨或傍晚天氣涼爽時，儘量避免在上午10點後至下午4點前在戶外運動。

2. 使用空調須當心

如果選擇室內運動的話，特別是有空調的場館，通常在使用空調時都會關上門窗，此時室內與外界幾乎隔絕，室內的氧氣不斷消耗而得不到補充，空氣中的二氧化碳濃度就會逐漸升高，因此空氣會變得污濁。人如果長時間地處在這樣的環境裡，大腦就會缺氧，呼吸道容易感染，主要表現為頭暈、發熱、盜汗、身體發虛、咽喉腫痛等。

此外，在人體運動大量出汗時，身體毛孔會張開。一方面，空氣中的細菌和病毒則正好乘這個機會鑽入人體；另一方面，空調產生的濕氣、寒氣就會順著毛孔進入體內，很容易造成肌肉或是關節酸疼，一不小心還可能會著涼感冒。

因此，在有空調的場館運動時，時間不宜過長，空調溫度不宜過低。最適宜運動的時間為1小時左右，溫度控制在25～27℃之間，這個溫度人體會感覺比較舒適。

3. 合適的著裝很重要

夏季運動時，汗液分泌較多，衣服容易濕透，所以應該選擇款式寬鬆、散熱性能好、顏色淺、速乾面料的服裝，最好是專業的運動服，既美觀又實用。

4. 科學補水

運動中補水方面一般有兩個誤區：一是不渴不喝，二是飲用冰鎮的高濃度飲料。當感覺口渴時肌體內已經處於輕度脫水狀態。當水分丟失達到體重的2%～3%時，運動能力就會下降，而且出汗會加重血液的黏稠度，造成血容量減低，會使心臟負擔加重。飲用冰鎮的高濃度飲料，不僅刺激腸胃，容易引起急性腸胃炎，而且飲用冰鎮飲料雖然在夏季會讓人在身體上產生瞬間涼爽的感覺，但實際上卻會造成人體內熱淤而不發。所以要飲用常溫水。

夏季補水要遵循以下原則：

第一、在運動前、中、後都要補水，即使不渴也要適量補充。運動之前10～15分鐘補水控制在450～600毫升，每運動10～15分鐘再飲150～240毫升的水，也可在訓練間隙小口飲水，以潤喉為主。運動後也應該及時、適量補水。每次補水都不宜過多，而是要「多次少飲」。

第二、應補充富含礦物質和微量元素的天然飲用水或運動飲料，及時補充能量和出汗所流失的電解質、維生素

和水。不喝碳酸飲料、汽水等帶汽飲料，科學的補水要做到「補口渴」更要「補體渴」，這樣才可以在保持機體活力的同時減少傷病的發生。

5. 做好整理活動

在劇烈運動過程中，由於全身血液發生明顯的重新分配，大量的血流量在運動中轉移到了骨骼肌中。因此，如果在劇烈運動後立即停止運動，那麼由於下肢肌肉中的血流失去肌肉泵的作用而發生回流障礙，心臟回血量下降使心輸出量銳減，致使位於人體直立時最高位置的腦部就會發生血液供應不足，容易出現頭昏、眼花等不適感。

在運動過程中，特別是劇烈運動過程中，骨骼肌細胞內堆積了大量的代謝產物，主要為乳酸，肌細胞和肌肉組織內的乳酸得不到及時的清理，是發生運動後大面積肌肉酸痛的主要原因。因此，劇烈運動後的整理活動也是預防運動後肌肉酸痛的重要措施。

整理活動多以肌肉的靜態牽拉和慢跑或者散步為主，一般運動強度後的整理活動時間在20～30分鐘為宜，如果是高強度的運動後，整合活動時間應該在30分鐘以上。

6. 合理的營養補充

運動過程需要消耗大量的糖和各類營養素，因此運動後要及時補充能量。首先，在運動後一小時內應及時補充水、糖和蛋白質，幫助肌肉微粒結構損傷恢復。運動前不要吃得過飽或者過少，這都不利於身體的健康。應在飯後半小時之後再進行運動。還有，在炎炎夏日，不要進行太大運動量的訓練，防止出現低血糖眩暈的情況。

武術健身愛好者的食譜要注意以下幾個問題：

第一，合理選擇三餐食物的種類和數量，而不是單單根據自己的喜好選擇食物。早餐作為一天的第一餐，對人們膳食營養攝入、健康狀況和工作學習效率至關重要。營養充足的早餐應包括穀類、動物性食物、奶及乳製品、蔬菜和水果等4類食物。

第二，要重視主食的攝入，如米、麵、饅頭等。主食中含有豐富的碳水化合物，能供給運動者充足的能量。攝入動物蛋白和植物蛋白的比例要適宜，避免攝入過多肉類，應多食牛奶和豆製品。

因為1克糖或1克蛋白質會產生4 000卡的熱量，1克脂肪會產生9 000卡的熱量。所以，每人每天脂肪攝入量為：體重公斤數×0.45（克）。也就是說一個體重60公斤的人每天脂肪攝入量不應超過27克。

第三，吃蔬菜和水果，特別應強調增加蔬菜的生食，以減少營養素的損失。目前人們在蔬菜水果攝取方面存在的兩大問題是「攝取量不足」和「種類單一」，這種膳食不平衡的情況極有可能會造成超重、肥胖或者營養不良等。尤其是經常參加武術運動的少年兒童，更要在營養補充方面加以重視。家長應從小幫助孩子養成健康的膳食習慣，在兒童時期養成的口味和膳食習慣將使他們受益終生。應當在保障「頓頓有蔬菜、天天有水果」的同時，注意多種顏色蔬果的搭配。

第四，避免攝入過量零食、過於偏好某一種食物等，這些也是降低超重、肥胖風險的有效手段。多吃一些清淡的食物，少吃或不吃油炸食物，還有肥豬肉、烤鴨、臘肉、奶油等可能會引起肥胖的食物。另外，由於人體在夏季的消化功能相對較弱，很容易發生嘔吐、腹瀉等急性胃腸道疾病，如果過食油膩食物，會傷害脾胃，影響營養消化吸收，清淡食物包括綠豆、西瓜、大棗、雞肉、牛肉、鯽魚、豆漿、甘蔗、梨等。

第五，還應「刻意」去吃一些苦味和酸味食物。營養學研究表明，苦味食物中含有氨基酸、生物鹼、維生素、苦味素、微量元素等成分，具有解熱除濕、抗菌消炎、幫助消化、增進食慾、促進血液循環、舒張血管、清心除煩及調整人體陰陽平衡的作用，非常適合夏季人體所需。酸味食物不僅能斂汗止瀉祛濕，還可以生津解渴，解熱除煩、健胃消食，增進食慾、止瀉、鎮咳等。

苦味食物有苦瓜、芹菜、蒲公英、苦菊、黃瓜、雞毛菜、仙人掌、野蒜、枸杞苗等。

酸味食物有番茄、檸檬、草莓、烏梅、葡萄、山楂、鳳梨、芒果、奇異果等。

第六，多吃一些「補夏」養生食物。中醫認為，炎炎夏日，正是人體陽氣最為活躍的時候，具體需要哪些食物養生？其實有很多食材，如當季蔬菜裡有番茄、茄子、黃瓜等，這些都有健脾之功效。冬瓜、絲瓜因其水分多，又屬涼性食品，可多食用，有解暑解毒作用。伏天人體濕氣重，蓮藕、扁豆、薏米等還有祛濕功能。

7. 預防中暑

第一，儘量避免在強烈陽光下特別是午後高溫時段進行運動。如果必須進行運動時，也要避免長時間在陽光下曝曬，同時採取防曬措施，戴遮陽帽、草帽，塗抹防曬霜（可以選擇SPF值在20～30的防曬霜）。隨身攜帶仁丹、十滴水、藿香正氣水、清涼油、風油精等防暑藥物。

第二，夏季人體水分揮發較多，即使沒有感覺口渴，也應頻繁補水，等感覺口渴時，身體已經處於缺水狀態了。所謂中暑，是由於流汗導致的體液流失所引起的脫水狀態加劇所引發的。由於體液中富含鈉之類的電解質（比如鹽），所以通過飲食和飲水來補充電解質的方法十分有效，如運動飲料等含鹽分的飲料，也可飲用涼開水、酸梅湯、綠豆湯等。

第三，多吃一些能預防中暑的食物，如番茄、西瓜、苦瓜、桃、烏梅、黃瓜、海帶、豆製品、紫菜、馬鈴薯、香蕉等。

第四，空調溫度不要開得過低，因為室內外溫差太大容易導致中暑。此外，室內外溫差最好不要超過8℃，否則出汗後入室，會加重體溫調節中樞的負擔，引起神經調節紊亂。

第五，外出前不要吃太熱的飯菜，也不要吃太多，以防身體升溫，導致中暑。

第六，避免過度勞累，保證充足的休息和睡眠。如果有頭暈、噁心、心慌等症狀，很可能就是中暑了。此時，

應迅速離開高溫現場，轉移至陰涼處，鬆開衣服，吹風、用溫涼水洗澡，喝淡鹽水、綠豆湯、西瓜汁、酸梅湯等，或服用解暑藥物。在經過一段時間休息後，若症狀不減反增，應及時就醫。

8. 夏季「夜練」講科學

有人是因為白天沒時間鍛鍊，也有人因為喜愛那夜晚的靜謐而選擇在晚上運動，還有很多人是為了避開夏季高溫，選擇涼爽的夏夜進行運動。其實，在晚上進行體育運動要講求科學。人們一般都喜歡在早晨進行體育活動，在強身健體的同時，讓身體中的氣息活動更加活躍。所以大多數人在晨練過後，會產生一種神清氣爽、精神煥發的感覺。而夜間鍛鍊會讓人體好不容易緩和下來的氣息再度活躍起來，而氣息活動需要一個比較長的過程才能夠慢慢平靜，因此夜間鍛鍊雖然有鍛鍊身體的作用，但是會影響人體在夜間的充分休息。尤其是對夜裡休息不好或者容易失眠的人來說，最好不要選在夜裡鍛鍊。

如果一定要在夜間鍛鍊，首先應注意安排的時間不要過晚，要留出適當的時間讓身體平息興奮狀態。鍛鍊結束後，可以聽聽音樂、看看書，讓精神和身體都放鬆一下，以便安然入睡。

「夜練」時一定不要使自己大汗淋漓，因為這種「出大汗」的現象，容易讓身體受傷。夏天人體本來就非常容易出汗，如果再在晚上進行劇烈的運動，大量出汗，不僅會造成體內水分大量流失，對身體的元氣也是一種很大損

傷。所以在夜間鍛鍊時最好以身體微微發熱，或略有薄汗為好。

在「夜練」的時候，一定要多補充水分。在鍛鍊時，最好能夠隨身攜帶水壺，方便少量多次地進行水分補給，切忌暴飲。也可以在運動時適當地飲用一些功能性飲料，或者鹽糖水、蜂蜜水等，以幫助恢復體力。

第二節　武術人安享百年有妙法

當今世界平均壽命是70多歲，中國人均壽命是67.88歲，還沒有達到世界平均壽命。日本是平均壽命最長的國家，他們女性的平均壽命是87.6歲，中國與日本整整相差了20歲。日本以社區為單位，每月講一次養身保健課，沒有來聽課的必須補課。

現在，死亡率最高的是30～50歲的人。按科學研究，壽命等於成熟期的5～7倍，所以人的正常壽命應該是100～175歲。為什麼都遠遠沒有達到這個標準水準呢？最主要的一個原因就是國人不重視學習養身保健知識，很多人對養生保健一無所知，天天處在不健康或亞健康的狀態中還渾然不知。

據一項北京市人口健康普查資料顯示，北京市位居榜首的兩種病，一個是高血壓病，另一個是高血脂症。這已經向我們拉響了警鐘，因此，重視養生保健已刻不容緩。

同樣，武術人不懂養身保健的也不在少數，所以，在保證武術鍛鍊的同時還要注重養生保健，以降低生病甚至

死亡的風險，安度百歲，盡享美好人生。

一、飲食平衡與合理搭配

（一）多飲健康飲品

有食品專家指出，以下幾種飲品具有保健作用。

1. 綠 茶

因為綠茶裡面含有茶多酚。研究表明，茶多酚屬活性物質，具有抗癌、解毒和防輻射的作用。它能有效阻止放射性物質侵入骨髓，被健康及醫學界譽為「輻射剋星」。其次，綠茶含有茶甘寧，這種物質可提高血管的韌性，使血管不容易破裂，因此能防止腦出血等心腦血管疾病的發生。最後，綠茶裡含有氟。氟不僅能堅固牙齒，還能消滅蟲牙，消滅菌斑。飯後3分鐘，牙齒的菌斑就要出現了。所以飯後及時拿綠茶水漱口，不僅把菌斑消滅了，而且還堅固了牙齒，這是一舉兩得的好事，何樂而不為呢？

2. 紅葡萄酒

在歐洲，不少人都習慣每天喝一點紅葡萄酒。因為紅葡萄的皮上有種東西叫「逆轉醇」，這種物質有抗衰老的作用，而且它還是抗氧化劑，可以幫助防止心臟的突然停搏（心跳驟停）。所以，經常喝紅葡萄酒的人不易得心臟病。此外，紅葡萄酒還有降血壓、降血脂的作用。但是飲用紅葡萄酒也不要超量，根據世界衛生組織「戒菸限酒」

的規定，以每天不飲用超過50～100毫升為宜。

3. 豆漿

大豆是營養之花，豆中之王。大豆中至少含有五種抗癌物質，特別是異黃酮，是純天然的植物雌激素，只存在於大豆中。異黃酮能預防、治療乳腺癌，很容易被人體吸收，所以經常飲用豆漿，可以防治高血脂、高血壓、動脈硬化、缺鐵性貧血、氣喘等疾病。有人喜歡拿牛奶和豆漿比，總想比出個結果，其實這二者沒有好壞之分，只有適合與否。是否合適飲用還是要看其在人體的吸收情況。

牛奶裡含的是乳糖，而全世界有三分之二的人不吸收乳糖，在亞洲，黃種人中有70%的人群不吸收乳糖，甚至不耐受，即有些人喝了牛奶會出現如腹瀉、腹脹或腹痛的症狀。豆漿內含低聚糖大豆，人體可以100%吸收，而且豆漿裡還含有鉀、鈣、鎂等，鈣的含量比牛奶還多。因此，對我們黃種人來說喝豆漿最合適。當然喜歡喝牛奶也沒錯，但為了防癌一定要喝點豆漿。

4. 優酪乳

因為優酪乳是維持細菌平衡的。所謂維持細菌平衡是指有益的細菌生長，有害的細菌死亡，所以吃優酪乳可以少得病。

此外還有骨頭湯和蘑菇湯。骨頭湯裡含有豐富的膠原蛋白，對延緩衰老和提高免疫力有很好的作用，經常喝骨頭湯可以延年益壽，現在世界各國都有專門出售骨頭湯的

街道和店鋪。還有常喝蘑菇湯也能提高免疫力，對人體也有保健作用。

（二）多吃健康食品

1.主食中粗糧的合理搭配是不可小覷的，其中以穀類的攝入為首要。

（1）玉米

有人說玉米是「黃金作物」。美國醫學會作過調查，發現原始的美國人、印第安人很少得高血壓和動脈硬化，其直接原因就是長期吃玉米的結果。

科學研究發現，玉米裡含有大量的卵磷脂、亞油酸、穀物醇和維生素E，所以多吃玉米可以減小發生高血壓和動脈硬化的概率。現在很多人花錢買卵磷脂吃，其實大可不必，只要經常堅持多吃玉米，就會補充充足的卵磷脂，既經濟，又安全。

（2）蕎麥

蕎麥最大的作用就是「三降」，即降血壓、降血脂、降血糖。蕎麥裡含有18%的纖維素，經常吃蕎麥可以減少患胃腸道癌症如直腸癌、結腸癌的可能性。

（3）薯類

如白薯、紅薯、山藥、馬鈴薯等。薯類具有「三吸收」的功能，即吸收水分，吸收脂肪、糖類，還有吸收毒素。吸收水分，可以潤滑腸道，減少直腸癌、結腸癌的發生。吸收脂肪、糖類，降低罹患糖尿病的風險。吸收毒素，阻止胃腸道炎症的發生。

（4）燕麥

燕麥具有降血脂、降血壓的作用。如果有高血壓和高脂血症，可以多吃些燕麥、燕麥粥和燕麥片。

（5）小米

小米能除濕、健脾、鎮靜、安眠。現在很多白領睡眠不好，容易得抑鬱症和神經官能症，有時吃安眠藥都未必有效。建議此類人群多喝小米粥，有助於提高睡眠品質。李時珍就主張食療重於藥療，所以在《本草綱目》裡，有不少食物都被當作保健品來防治疾病。

2.第二類要多吃的就是蔬菜和水果

在發達的、健康指數高的國家，他們的蔬菜、水果消耗量是最大的。要想身體健康，就要多吃鹼性食物。蔬菜和水果都是鹼性食物。

（1）胡蘿蔔

胡蘿蔔屬強鹼性，每100克鮮胡蘿蔔中含胡蘿蔔素1.67～12.1毫克，比番茄高出了5～7倍。胡蘿蔔素具有強化免疫系統，增強抵抗力的作用，能預防癌症，改善和強化呼吸道系統的功能，中和體內的自由基。

因此長期吃胡蘿蔔不僅能降低癌症的風險，還可以預防感冒，延緩衰老。此外，據《本草綱目》介紹，胡蘿蔔是養眼蔬菜。如果有夜盲症，可以多吃胡蘿蔔，有助於緩解症狀。由於胡蘿蔔素是脂溶性的，所以胡蘿蔔最好與肉一起做熟了吃，吸收更好。

（2）南瓜

各類蔬菜中，南瓜的含鈷量居首位。鈷元素能活躍人體的新陳代謝，是人體產生胰島素所必需的微量元素，對防治糖尿病，降低血糖有特殊療效。

還有苦瓜，也分泌胰島素物質，所以常吃苦瓜，也可以防止得糖尿病。

（3）番茄

番茄也可以預防癌症，比如子宮癌、卵巢癌、胰腺癌、膀胱癌、前列腺癌等。番茄含有豐富的番茄素，它具有預防和抑制腫瘤的作用，但和蛋白質結合在一起，周圍有纖維素包裹著，很難出來。所以番茄也宜做熟了吃，以利於營養素的吸收。

（4）大蒜

大蒜是抗癌之王。但在吃之前一定要先把它切成片或壓碎，讓它跟空氣中的氧氣充分接觸以產生大蒜素。大蒜本身並不抗癌，但可產生具有抗癌作用的大蒜素。

水果中的櫻桃、楊梅、橘子、桃、梨、蘋果、葡萄、奇異果等，都含有豐富的維生素C和維生素B_1。科學實驗證明，維生素B_1有防治癌症的特效，它能增強細胞間質，是阻止癌細胞生長的第一道障礙。

還有水果中的纖維素，能刺激大腸蠕動，使大腸中積存的致癌物質儘快排出體外。

此外，乾品中的黑木耳也有很好的保健作用，它可以抗血凝、抗血栓、降血脂，即有效降低血液的黏稠度，軟化血管，使血液流動通暢，減少心血管病發生。

此外，黑木耳還有較強的吸附作用，經常食用可利於體內產生的垃圾及時排出體外。

（三）少吃肉食

一般的肉類都是酸性食物，所以最好少吃。但可以適量吃一些含動物蛋白豐富的肉類，如雞、魚、蝦等。俗話說「有蝦不吃魚，有魚不吃肉」。蝦和魚的蛋白進入人體內1個小時就能被100%吸收，而牛肉蛋白要3小時才能被完全吸收。資料顯示，日本的長壽地區就在沿海地區，而沿海地區壽命較長的群體就是在生活中經常吃魚的人，所以建議大家多吃魚、蝦類。

飲食還要掌握一個原則，就是再好吃的東西也要適量，不是越多越好。正所謂「飯吃七成飽，胃病繞著跑。」

二、多做有氧運動

在古代，即使是皇帝也很注意養生保健，注重健身鍛鍊。在古代皇帝中，壽命最長的要數乾隆皇帝了，他活了88歲，是皇帝中的長壽冠軍。因為他特別注重保健，喜歡運動，喜歡旅遊，並且保持樂觀心態，最有名的就是三下江南，所以他成了古代的長壽皇帝。

衡量有氧運動的標準是心率。心率保持在150次/分鐘的運動即為有氧運動。因為此時血液可以供給心肌足夠的氧氣，因此，有氧運動的特點是強度低，有節奏，持續時間較長。氧氣能充分燃燒（即氧化）體內的糖分，能鍛鍊心、肺，使心血管系統能更有效、快速地把氧傳輸到身體的每一個部位。還可消耗體內脂肪，增強和改善心肺功能，預防骨質疏鬆，調節心理和精神狀態，透過經常的有氧運動鍛鍊，人的心臟會更健康。武術、游泳、慢跑、騎自行車、網球等都是不錯的有氧運動。

中老年人如果在早上鍛鍊，切忌激烈運動。因為早上剛起來，人體生理時鐘的規律是體溫高、血壓高，而且腎上腺素比晚上高出4倍，很容易發生心臟停搏的危險。

三、保證健康睡眠

每年的3月21日是世界睡眠日，2013年中國的睡眠日主題是「關注睡眠，關愛心臟」。北京體育科學研究所的專家指出，睡眠是一種必需的不可替代的生活方式，其品質的好壞與精神狀態和機體的狀態息息相關。成年人每天的睡眠時間占全天的三分之一最為合適，即8個小時，這其中包括午睡時間，但不排除有些睡眠品質好的人可僅休息四五個小時的情況。睡眠的時間是跟體力的消耗成正比，例如體力工作者和運動員的時間就可以略長一些。

睡眠品質的關鍵在於深睡眠。通常情況下，0：00—3：00點是深睡眠時間，但並不是一睡著就能進入深睡眠，期間有個過渡期，一般是1—1.5小時進入深睡眠。反推一下，也就是22：30—23：00之間上床睡覺最好，以便於為進入深度睡眠做好準備。什麼時候起床合適呢？國際上公認的時間是6：00。再加上順應自然季節的變換，推薦作息時間為：夏季在22：00—23：00入睡較為適宜，早上在6：00—7：00起床；冬季在21：30—22：30入睡比較合適，早上在6：30—7：30起床。中午人體警覺處於下降期，此時小睡片刻有助於恢復體力，有利於工作、學習和身體健康。並且還要注意以下幾點：

1. 睡前兩個小時洗個熱水澡，或者上床前用熱水泡腳。

2. 臥室的溫度控制在20℃左右。

3. 晚餐應在臨睡前兩小時完成，因為睡前不宜太飽或饑餓。

4. 拋開一切焦慮。

此外，多鍛鍊更能睡好覺。有研究表明，運動可以在一定程度上改善睡眠品質，因為運動時能保持精神放鬆、心情愉快。對一般人而言，適量的體育運動能夠促進大腦分泌抑制興奮的物質，促進深度睡眠，迅速緩解疲勞，從而使睡眠進入一個良性循環。實踐證明，經常參加運動者比不運動者入睡快、睡得深，而且白天也很少有疲勞感。

平常的鍛鍊一定要有規律，最好選擇在早晨或者下午16：00～17：00點。一般不提倡臨睡前的過量運動，以免令大腦處於興奮狀態，不利於提高睡眠品質。但是睡前可以進行一些舒緩的活動，例如散步、按摩、泡澡等。

規律的運動可以提高中樞神經系統核心的溫度，從而使身體進入困倦的狀態。另外，有規律的運動能夠增加體適能、提升耗氧量及減少壓力，這樣對健康睡眠的幫助非常大。

四、保持健康心態

如果一個人的心理狀態不好，那麼健康飲食、注重睡

眠和加強鍛鍊都成了無用功。

健康心態＝陽光心態+積極心態。什麼是陽光心態呢？陽光心態主要是指在做人方面，能把別人的批評、責罵、指出的不足、建議等看成是善意的，看成是關愛、幫助和造就，以感恩和學習的心態虛心聽取、思考、分析、反省，從中吸收有利於自己進步、成長的營養。

什麼是積極心態呢？主要是指在做事方面，面對工作、問題、困難、挫折、挑戰和責任，從正面、積極的一面、可能成功的一面去想，積極採取行動，努力去做。

時刻保持樂觀，避免生氣。心理學會提出了五個避免生氣的方法：一是躲避，二是轉移，三是釋放，四是昇華，五是控制。

最主要的一個原則還是要忍耐。忍一時風平浪靜，退一步海闊天空。忍耐不是目的，是策略。

如果實在生氣了，也不要超過5分鐘，因為生氣是百病之源。有說法是「難能之理宜停，難處之人宜厚，難處之事宜緩，難成之功宜智。」

還有「笑一笑，十年少」的說法。笑口常開，健康常在。其實笑的作用非常大，因為人在笑的時候微循環會很旺盛，經常笑對呼吸道、消化道也特別好。

平時可以鍛鍊上肢和下肢，只有笑才能鍛鍊腸胃，笑在國際上已經成了一個健康的標準。北京市曾做過調查，女性的平均壽命比男性壽命長了6年，很大一個原因就是因為女性比男性更愛笑。

第三節　武術諺語精言賞析

武術拳諺是中華武術中最為濃縮、最為精彩、最為深邃的語言，由一些固定片語或短語組成，其美譽度可以與中國文學中的精粹——唐詩相媲美。武術拳諺講究一定的格律，多對仗押韻，簡明易懂，朗朗上口。它揭示了武學之規律、真諦和智慧，是武術理論的精華，對武學者具有醍醐灌頂的作用，有一語點醒夢中人的功效，是中華武學中的一份寶貴財富。現將武術拳諺推出，供廣大讀者熟悉、揣摩和研用，武術傳承者應該認真學習和領悟。

1. 文修其心，武練其身。

2. 不登長城非好漢，不練武術太遺憾。

3. 久練功自純，勤悟理自通。

4. 練武不習文，終究是個野蠻人。

5. 拳無功不精，招無速不靈。

6. 文崇孔子，武尊關公。

7. 勝不足喜，敗亦無妨。

8. 不武者，愚人也。

9. 遇敵好似火燒身，放膽使招必成功。

10. 對敵若無膽在先，空有一身拳腳功。

11. 練拳不拆手，什麼都沒有；練拳拆開手，讓你武林走。

12. 拳理需靜悟，拳技需勤修。

13. 臨敵心不靜，有招也無用。

14. 智者無敵，悟者大成。

15. 經師不到，學藝不精。

16. 膽氣十足，摧敵何難。

17. 經師不如訪友。

18. 能文者疏於武，能武者疏於文。

19. 習武貴在得法，求功尚在持久。

20. 技貴互變，理妙成圓。

21. 攻講踢打摔拿通變，守求頂順化閃齊備。

22. 拳無功，一場空。

23. 眼無神，拳無魂。

24. 眼功練得精，克敵占上風。

25. 一力降十會，以巧破千斤；以巧破千斤，千斤力在後。

26. 邁步如貓行，運勁如抽絲。

27. 百巧奇能，無力不行。

28. 不怕千招會，就怕一招精。

29. 視人如蒿草，打人如走路。

30. 藝高人膽大，膽大藝更高。

31. 寧傳十藝，不傳一理。

32. 和為貴，義當先。

33. 無人當有人，有人當無人。

34. 教拳不教步，教步打師傅。

35. 舉手不留情，當堂不讓步。

36. 快打慢，慢打遲，遲打笨。

37. 遇短勿近，遇長勿遠。

38. 亂拳打死老師傅。
39. 行家一出手，便知有沒有。
40. 法靠傳，功靠練。
41. 拳打兩不知。
42. 久久為功，撂下稀鬆。
43. 練武不練功，到老一場空。
44. 手腳齊到方為真，步踏三門人難防。
45. 破敵全在一雙眼。
46. 拳不離手，曲不離口。
47. 拳無意，意無意，無拳無意是真意。
48. 拳似流星，手如利箭。
49. 百招百解，唯快不解。
50. 先下手為強，後下手遭殃。
51. 一寸長，一寸強；一寸短，一寸險。
52. 不招不架，只是一下；犯了招架，十下八下。
53. 巧拿不如拙打。
54. 文以評心，武以觀德。
55. 未學藝先識禮，未習武先明法。
56. 內練精氣神，外練手眼身。
57. 內練一口氣，外練筋骨皮。
58. 低頭貓腰，傳授不高。
59. 經常練武術，不用上藥鋪。
60. 萬兩黃金不授藝，十字街頭送志士。
61. 學拳容易改拳難。
62. 師傅領進門，修行在個人。

63. 未學打人，先學挨打。
64. 眼觀六路，耳聽八方。
65. 練武不活腰，終究藝不高。
66. 只壓不踢不中用，只踢不壓笨如牛。
67. 寧練筋長三分，不練肉厚一寸。
68. 打拳不遛腿，必是冒失鬼。
69. 步不穩則拳亂，步不快則拳慢。
70. 有力當頭上，無力閃兩旁。
71. 拳打不知，腳踢難防。
72. 井淘三遍吃清水，人經三師武藝高。
73. 強中自有強中手，莫在人前亂誇口。
74. 一膽二力三功夫。
75. 徒尋師三年，師選徒十年。
76. 冬練三九，夏練三伏。
77. 練武不刻苦，紙上畫老虎。
78. 真傳一張紙，假傳萬卷書。
79. 包藏賽如金，點破淡如水。
80. 手是兩扇門，全憑腿打人。
81. 不得真傳枉費心。
82. 名師育高徒，苦恒出真功。
83. 求藝貴擇師，功成靠自修。
84. 學藝在勤，得道在悟。
85. 寶劍復匣不得鳴，拳腳不練周身懶。
86. 尊師好似長流水，愛徒恰似鳥哺雛。
87. 槍為百兵之王，刀為百兵之帥，劍為百兵之秀，棍為百兵之首。

88. 行家出身，強人三分。
89. 不知步法枉學藝，不懂攻防空伶俐。
90. 天天練，日日功，一日不練十日空。
91. 百練能熟，千練出巧。
92. 學時整，用時活。
93. 不讀武諺，不懂武學。
94. 紙上談兵終覺淺，絕知武藝必躬行。
95. 不怕胡亂打，只怕沒有打。
96. 棍打一大片，槍紮一條線。
97. 高腿半邊空，低腿賽黃金。
98. 百招巧為先，勁力在其中。
99. 棍怕老狼，拳怕少壯。
100. 法有千種，理屬一家。
101. 樁功是個寶，拳家離不了。
102. 學武得藝貴自悟，詳推內意終何止。
103. 發招若配丹田功，擊人焉有不倒理。
104. 三年小成，十年大成。
105. 未學藝，先識禮；未習武，先求德。
106. 教不嚴，拳必歪；學不專，拳必亂。
107. 習武又懂醫，拳藝很難敵。
108. 慢練出功，快用制敵。
109. 上挑下壓中格擋，裡勾外掛前踩跺。
110. 有意莫帶形，帶形必不贏。
111. 拳不空回，招要連打。

112. 出手軟如棉，沾身硬似鐵。
113. 學會三天，學精三年。
114. 氣以直養無害，勁以曲蓄有餘。
115. 拳練百遍，身法自現；拳練千遍，其理自見。
116. 百看不如一練，百練不如一專。
117. 以義為根，以德為本。
118. 癡武者，技必精。
119. 拳不打功，功精勝拳。
120. 武術無速成，唯有苦中求。
121. 南拳北腿，東槍西棍。
122. 年刀、月棍、久練槍，隨身佩練是寶劍。
123. 拳打人不知，腳踢人不防。
124. 打人不如紮人。
125. 槍怕搖頭棍怕點。
126. 槍如游龍，棍似瘋魔。
127. 單刀看手，雙刀看走，大刀看口。
128. 劍走巧，刀走狠。
129. 劍佩君子，刀佩俠盜。
130. 鞭舞一堵牆，鏢發似流星。
131. 錘槊之勇不可敵。
132. 古人立藝，必有一意。
133. 把勢、把勢，全憑架勢；沒有架勢，不算把勢。
134. 內外合一，形神兼備。
135. 手似流星眼似電，身似游龍腿似箭。
136. 花拳繡腿，銀槍蠟頭。

137. 拳架天天盤，武功日日增。

138. 抬腿輕，落地鬆，踢起腿來一陣風。

139. 練拳無樁步，房屋無立柱。

140. 求學武術，先學跌打。

141. 閃即是進，進即是閃。

142. 打拳容易走步難。

143. 先看一步走，後看一出手。

144. 一步練錯百步歪。

145. 動則法，靜則型。

146. 靜如處女，動如脫兔。

147. 行家一落眼，便知深和淺。

148. 文有太極安天下，武有八極定乾坤。

149. 武德比山重，名利草芥輕。

150. 拳以德立，人以品存。

151. 心正則拳正，心邪則拳邪。

152. 三軍可以奪帥，匹夫不可以奪志。

153. 長拳短打終是拳，內家外家本一家。

154. 真人不露相，露相不真人。

155. 火大沒濕柴，功精無人敵。

156. 澆花要澆根，教拳要教人。

157. 徒弟技藝高，莫忘師傅好；師傅拳藝精，切莫貶徒孫。

158. 習武千條戒，當數嫉妒心。

159. 武功真高，不怕菜刀。

160. 欲學驚人藝，需下苦工夫。

161. 深功出巧匠，苦練出真功。

162. 一日不練自己知道，兩日不練行家知道，三日不練大家知道。

163. 鼓越敲越響，拳越練越精。

164. 活到老，學到老，還有三分沒學好。

165. 名師出高徒。

166. 學無老少，達者為師。

167. 教不嚴，拳必歪；學不專，拳必濫。

168. 久練為熟，熟能生巧，巧能得精。

169. 初練三年，敢走天下；再學三年，難行寸步。

170. 學到知羞處，方知藝不高。

171. 似我者生，像我者死。

172. 法有萬端，理歸一處。

173. 千學不如一看，千看不如一練。

174. 取百家之長，補自家之短。

175. 笨鳥先飛早出林，笨人勤練武藝精。

176. 人貴有志，學貴有恆。

177. 用火不戢將自焚，學技不晦將自毀。

178. 取法於上，得之乎中。

179. 文人不尚武，武人不尚文。

180. 失禮者不可教之，失德者不可學之。

181. 外練手眼身法步，內修精神氣力功。

182. 一日練一日功，一日不練十日空。

183. 太極十年不出門，形意一年打死人。

184. 剛在他力前，柔在他力後。

185. 學會三天，練好三年。
186. 鐵棒磨繡針，功到自然成。
187. 練武先修德，德高藝更高。
188. 場上一分鐘，場下百日功。
189. 力如千斤壓頂，勁似利箭穿革。
190. 嚴師出高徒。
191. 勤能補拙是良訓，一分辛苦一分功。
192. 心亂則意亂，意亂則拳亂。
193. 一力降十會，一力壓十技。
194. 上打咽喉下打陰，中打兩肋在中心。
195. 一巧破千斤，四兩撥千斤。
196. 身心一動手腳隨，手腳齊到方為全。
197. 眸子練得明，打人占上風。
198. 料敵在心，察機在目。
199. 以靜待動，後發制人。
200. 主動搶攻，先發制人。
201. 彼不動，我不動；彼微動，我先動。
202. 起如鋼銼，落如釣竿。
203. 拳打不見形，見形不為能。
204. 能在一思進，莫在一思存。
205. 肘不離肋，手不離心。
206. 邁步如行犁，落腳如生根。
207. 打拳要長，發勁要短。
208. 人不知我，我獨知人。
209. 柔中有剛攻不破，剛中有柔力無邊。

210. 以短逼長閃身進。

211. 拳貴神速。

212. 發於根，順於中，達於梢。

213. 身如弓，拳如箭。

214. 寧挨十手，不挨一肘。

215. 三拳難擋一掌，三掌難擋一指。

216. 久練自化，熟能生神。

217. 腳踏中門去奪位，就是神仙也難防。

218. 以靜制動，後發制人。

219. 知己知彼，百戰百勝。

220. 三年把勢打不過當年跤。

221. 起腳三分險，出腿半邊空。

222. 動中之靜為真靜，靜中之動為真動。

223. 學拳容易，改拳難。

224. 膽壯心狠能制人，死裡求生技藝真。

225. 刀到身邊意不亂，拳到眼前神氣顯。

226. 拳打猛虎，腳踢蛟龍。

227. 出招不留情，留情不出招。

228. 不見其來而來，不見其去已去。

229. 步到手到，出招見效。

230. 武在勁不在力，術在巧不在勇。

231. 打拳不怕，怕拳不打。

232. 欲學制人藝，需從挨打來。

233. 學拳三年不如真傳一語，練技百招不及眼明一辨。

234. 寧教十手，不傳一口。

235. 肩倒多踢腿，抻肘多打拳。

236. 克剛易，克柔難。

237. 內圈手取人，外圈步追人。

238. 學以窮理，術以至用。

239. 手打三分，腳踢七分。

240. 手到步不到，拳藝不為妙；手到步也到，打人似玩笑。

241. 千狠萬狠，力為根本。

242. 心定萬事生，心亂萬事空。

243. 學武求功一字誠，修行養性謙為本。

244. 靜如鐵塔坐如鐘，動似波濤快如風。

245. 一招鮮，吃遍天。

246. 拳無勁，招式飄，腳無根，身自倒。

247. 低頭貓腰，學藝不高。

248. 進步要低，退步要高。

249. 步大不靈，步小不穩。

250. 前進一丈，後退八尺。

251. 邁步如犁行地，落腳如樹生根。

252. 緊了崩，慢了鬆，不緊不鬆才出功。

253. 練時無人似有人，用時有人若無人。

254. 氣以直養而無害，勁以曲蓄而有餘。

255. 進功如同春蠶吐絲，退功如同流水即逝。

256. 入門引路需口授，功夫無邊法自修。

附錄

武術裁判員管理辦法

第一章　管理辦法

第一條　為加強對武術裁判員的管理，促進武術裁判隊伍的建設，提高武術裁判隊伍的素質，保證武術競賽公正、有序地進行，促進武術競賽的規範化發展，根據《中華人民共和國體育法》及國家體育總局《體育競賽裁判員管理辦法》制定本辦法。

第二條　本辦法適用於在國家體育總局武術運動管理中心註冊的裁判員。

第三條　裁判員應嚴格遵守《裁判員守則》，努力鑽研技術，加強武德修養。

第四條　國家體育總局武術運動管理中心對全國武術裁判員進行管理，中國武術協會具體組織實施。地方各級體育局在各自的職權範圍內負責對武術裁判員（以下簡稱裁判員）進行管理。有條件的武術協會應建立相應的裁判員委員會。

第五條　各級武術主管部門要建立、健全裁判員註冊、考核管理制度，制訂培養和發展裁判員隊伍的計畫。

第六條　裁判員以省、自治區、直轄市體育局、解放軍、行業體協為單位進行註冊。省、區、市以下單位的裁判員，通過以上隸屬關係的單位進行註冊。

第七條 裁判員享有以下權利：

（一）對武術競賽裁判工作提出建議、監督、批評；

（二）對武術競賽規則和裁判方法提出意見；

（三）優先獲得有關技術資料和參加有關活動、觀摩武術競賽；

（四）對不公正處罰向有關部門提出申訴。

第八條 裁判員承擔以下義務

（一）嚴格遵守國家體育總局制定的《體育競賽裁判員管理辦法》等有關規定；

（二）努力學習武術競賽規則和裁判法，鑽研業務，不斷提高裁判業務水準；

（三）積極參加全國或地區性武術競賽活動，努力完成競賽組織部門交給的裁判任務；

（四）積極參加裁判員的培訓及經驗交流活動。

第九條 參加由中國武術協會主辦的全國性比賽裁判工作的執行裁判員，技術等級不得低於一級。

第十條 中國武術協會主辦的各類全國性比賽的執行裁判員，由國家體育總局武術運動管理中心聘請。

第十一條 中國武術協會主辦的全國性比賽，中國武術協會應當在賽前30天將聘請裁判員名單及分配的裁判員名額下發到各有關單位，各單位須按要求回饋意見，推薦名單必須經中國武術協會同意。未按期上報推薦名單的，取消該單位的裁判名額。

第十二條　獎勵

（一）在武術競賽裁判工作中，遵守有關規定，作風正派、執法公正、表現突出的，由賽區或中國武術協會給予表彰和獎勵。

（二）積極進行武術競賽制度、裁判法、器材及競賽規則研究，對武術競賽工作做出顯著貢獻的，由中國武術協會給予表彰和獎勵。表彰活動每2～4年舉行一次。

第十三條　處罰

（一）裁判員無故未按時到賽區報到，不參加裁判組活動，取消該次比賽裁判資格；未經請假批准，擅自離開賽區者，停止兩年擔任全國比賽裁判工作資格，暫停註冊一次。

（二）中國武術協會聘請的裁判員，累計兩次無故不能擔任裁判工作的，暫停註冊一次。

（三）未經中國武術協會批准，擅自參加各種國際性賽事或國內跨省市比賽裁判工作的裁判員，暫停註冊一次。

（四）考核（含複考）不合格的裁判員，暫停註冊和使用。

（五）裁判員在比賽中有接受賄賂、串通、搞君子協定、賽前排列名次、搞交易、偏袒或壓制某一方運動員等行為的，視情節輕重分別給予停止該次比賽裁判工作的資格、停用兩年、降級、撤銷裁判等級等處分，並給予暫停註冊一次、兩次，直至不予註冊的處理。

（六）各級裁判員必須持有經過註冊的裁判員等級證

書方能參加全國武術競賽裁判員臨場執法工作；連續兩次未經審批單位註冊的裁判員，技術等級稱號自動取消，其裁判員證書失效。

（七）裁判員在臨場裁判評分中，出現一次明顯錯判，給予口頭勸告；出現兩次明顯錯判，給予警告，並亮黃牌，在完成該場比賽後，停止下一場比賽的裁判工作。在該次比賽中若出現兩次警告，亮紅牌並當場撤換，取消繼續參加該次比賽裁判工作的資格，對裁判員的此項處罰由裁判長執行，須經總裁判長同意。並且，暫停註冊一次。

（八）裁判員不服從總裁判長、裁判長的指示，視情節給予警告或當場撤換。對裁判員的勸告、警告由裁判長執行，停止或撤換裁判員的工作，須經總裁判長同意。

（九）發現正、副裁判長有明顯失誤或偏袒行為並拒不接受總裁判組的正確意見，則給予警告、當場撤換，並亮紅牌停止本次比賽的裁判工作。對裁判長的警告由總裁判長執行。

（十）總裁判長、副總裁判長有偏袒行為，並拒不接受競賽監督委員會的意見和決定的，當場撤換，並取消擔任該次比賽裁判工作的資格。對總裁判長、副總裁判長的警告由競賽監督委員會執行。

（十一）裁判人員在比賽中受到的處罰，均記入檔案。凡受到當場撤換處分者，以書面形式通知其派出單位。

第十四條　凡裁判員有下列情節者，給予撤銷技術等

級稱號，終身停止裁判工作的處分。

（一）行賄受賄，執法不公；

（二）在重要比賽中，出現明顯錯判、漏判，造成惡劣影響；

（三）觸犯刑律，受到刑事處罰。

第十五條 輔助裁判員由競賽委員會統一選聘。

第十六條 輔助裁判員應嚴格遵守競賽的各項規章制度，協助裁判員做好本職工作，如有違反比賽紀律，視其情節輕重給予相應處罰，並以書面形式通知其派出單位。

第二章 註冊規定

第十七條 國家武管中心負責對裁判員進行資格審查、註冊並頒發證書。

第十八條 裁判員須按照國家武管中心的規定，按時註冊，取得參賽許可。

國際級和國家級裁判參加註冊，註冊的年齡為男子60周歲（含60周歲）以下、女子55周歲（含55周歲）以下。

第十九條 裁判員以省、自治區、直轄市體育局、解放軍、行業體協及直屬體育院校為單位進行註冊。省、區、市以下單位的裁判員，通過以上隸屬關係的單位進行註冊。

第二十條 中國武術協會負責對國家級以上裁判員進行資格審查、註冊和管理。已經註冊的一級裁判員名單應當報中國武術協會備案。二、三級裁判員由各地、縣級武術主管部門進行註冊，並報省級武術協會備案。

第二十一條 裁判員必須是中國武術協會會員，並遵守中國武術協會章程及國家武管中心的有關規定。裁判員每兩年註冊一次，每次只能註冊一個代表單位，註冊時間為每偶數年的12月1日至12月31日。國際級裁判員每人每次交納註冊費80元；國家級裁判員每人每次交納註冊費50元。

第二十二條 裁判員註冊必須詳細填報由中國武術協會下發的註冊登記表，提供三張近期一寸免冠照片。

第二十三條 裁判員有下列情節者，暫停註冊一次：

（一）受到賽區或審批單位處罰；

（二）考核不合格；

（三）兩年內未擔任裁判工作和未參加裁判學習。

第二十四條 各級裁判員必須持有經過註冊的裁判員等級證書方能參加武術競賽裁判員臨場執法工作；連續兩次未經審批單位註冊的裁判員，技術等級稱號自動取消，其裁判員證書失效。

第三章 技術等級申報與審批

第二十五條 裁判員的技術等級分為國際級、國家級、一級、二級、三級，另設榮譽裁判員。

第二十六條 等級稱號的申請、審核、審批、授予，應當遵循公開、公正、效率原則，依照規定的許可權、範圍、條件、程式、期限進行。

第二十七條 申報三級、二級、一級裁判員須獲得武

術段位「四段」以上（含四段），申報國家級裁判員須獲得武術段位「五段」以上（含五段），申報國際級裁判員須獲得武術段位「六段」以上（含六段）；申報一級裁判年齡須在40周歲以下（含40周歲），申報國家級裁判年齡須在50周歲以下（含50周歲）。

第二十八條　其餘條件按《體育競賽裁判員管理辦法》第三章「技術等級的申報與審批」執行。

第二十九條　中國武術協會每兩年組織一次國家級裁判員晉級考試，由各省、自治區、直轄市體育局、解放軍、各行業體協、直屬體育院校根據國家體育總局分配的名額推薦符合報考條件的同志參加。考試合格者由中國武術協會報請國家體育總局批准，並頒發國家級裁判員證書。

第三十條　晉升國家級武術套路裁判員考試內容：

（一）理論考試：武術基本理論、套路競賽規則及裁判法；

（二）技術考試：演練拳術、器械套路各一套；

（三）裁判評分考試：根據運動員現場演練比賽套路或技術錄影進行評分和分析；

（四）外語考試：裁判員臨場工作一般用語（英語）。

第三十一條　晉升國家級武術散打裁判員考試內容

（一）理論考試：武術基本理論、散打競賽規則及裁判法；

（二）技術考試：基本攻防技術、模擬實戰演練一套拳術；

（三）裁判評分考試：對運動員現場實戰或錄影進行評判；

（四）外語考試：裁判員臨場工作一般用語（英語）。

第三十二條 一、二、三級裁判員報考辦法，由各省、自治區、直轄市體育局、各直屬體育院校參照本規定制定。

第三十三條 參加晉級考試的裁判員如未獲批准晉級，必須重新申請晉級考試。

第三十四條 國家級裁判員每四年復考一次。復考不合格者，可參加一次補考，補考仍不合格，取消國家級裁判員的稱號。

第三十五條 國家級裁判員或具有特殊貢獻的一級裁判員，從事武術裁判工作20年以上，積極參加競賽裁判工作，男性年滿60周歲、女性年滿55周歲，不再擔任臨場執行裁判工作的，可申請「榮譽裁判員」稱號。

第三十六條 「榮譽裁判員」由省、自治區、直轄市體育局、解放軍、各行業體協、各直屬體育院校推薦，中國武術協會評審後，報國家體育總局批准，並頒發「榮譽裁判員」證書。

歡迎至本公司購買書籍

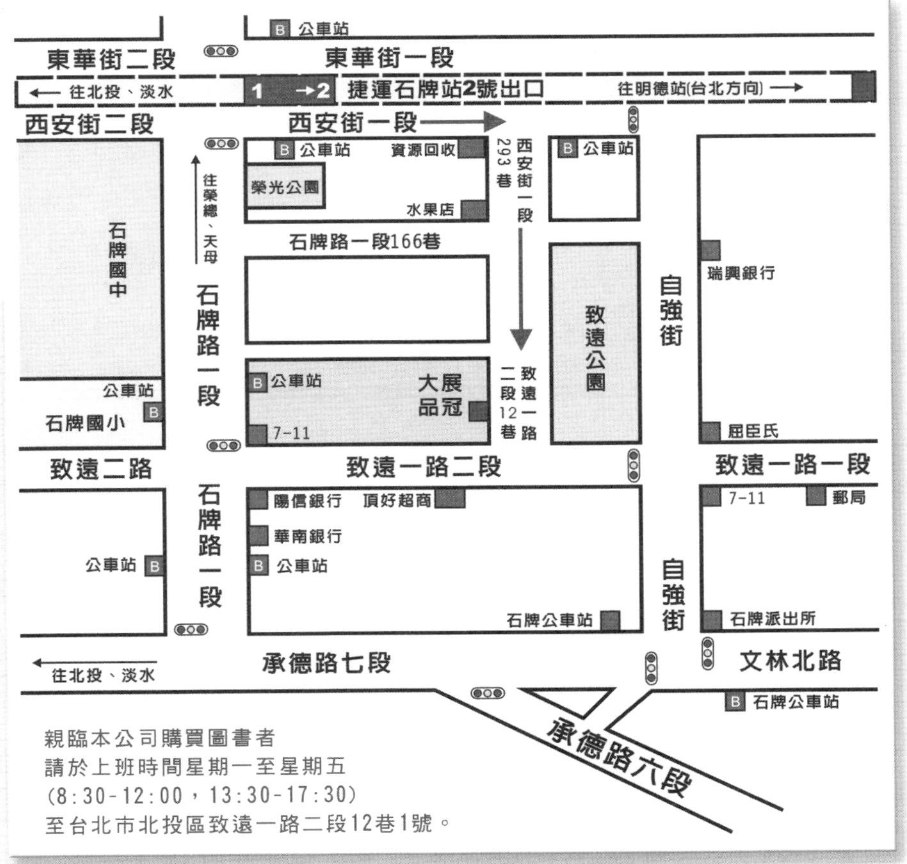

建議路線

1.搭乘捷運

淡水信義線石牌站下車，由月台上二號出口出站，二號出口出站後靠右邊，沿著捷運高架往台北方向走(往明德站方向)，其街名為西安街，約80公尺後至西安街一段293巷進入(巷口有一公車站牌，站名為自強街口，勿超過紅綠燈)，再步行約200公尺可達本公司，本公司面對致遠公園。

2.自行開車或騎車

由承德路接石牌路，看到陽信銀行右轉，此條即為致遠一路二段，在遇到自強街(紅綠燈)前的巷子左轉，即可看到本公司招牌。

國家圖書館出版品預行編目資料

南拳／武兵　著
——初版，——臺北市，大展，2018〔民107.01〕
面；21公分 ——（中華傳統武術；26）
ISBN 978－986－346－194－4（平裝）
1.拳術　2.中國
528.972　　106021191

南　拳

著　　者／武　兵
責任編輯／岑紅宇
發 行 人／蔡森明
出 版 者／大展出版社有限公司
社　　址／台北市北投區（石牌）致遠一路2段12巷1號
電　　話／（02）28236031・28236033・28233123
傳　　眞／（02）28272069
郵政劃撥／01669551
網　　址／www.dah-jaan.com.tw
E－mail／service@dah-jaan.com.tw
登 記 證／局版臺業字第2171號
承 印 者／傳興印刷有限公司
裝　　訂／眾友企業公司
排 版 者／弘益電腦排版有限公司
授 權 者／安徽科學技術出版社
初版1刷／2018年（民107）1月

定 價／250元

大展好書　好書大展

品嘗好書　冠群可期